职业教育系列教材·城市轨道交通类

城市轨道交通安全管理

杨 莉 周 琳 杨 洁 主编

中国建材工业出版社

图书在版编目（CIP）数据

城市轨道交通安全管理/杨莉，周琳，杨洁主编．--北京：中国建材工业出版社，2021.1（2024.7重印）
职业教育系列教材．城市轨道交通类
ISBN 978-7-5160-3137-7

Ⅰ.①城… Ⅱ.①杨…②周…③杨… Ⅲ.①城市铁路－交通运输安全－交通运输管理－职业教育－教材 Ⅳ.①U239.5

中国版本图书馆 CIP 数据核字（2020）第 257818 号

城市轨道交通安全管理
Chengshi Guidao Jiaotong Anquan Guanli
杨　莉　周　琳　杨　洁　主编
出版发行：中国建材工业出版社
地　　址：北京市西城区白纸坊东街 2 号院 6 号楼
邮　　编：100054
经　　销：全国各地新华书店
印　　刷：北京雁林吉兆印刷有限公司
开　　本：787mm×1092mm　1/16
印　　张：11
字　　数：270 千字
版　　次：2021 年 1 月第 1 版
印　　次：2024 年 7 月第 3 次
定　　价：45.00 元

本社网址：www.jccbs.com，微信公众号：zgjcgycbs
请选用正版图书，采购、销售盗版图书属违法行为
版权专有，盗版必究。本社法律顾问：北京天驰君泰律师事务所，张杰律师
举报信箱：zhangjie@tiantailaw.com　举报电话：(010)63567684
本书如有印装质量问题，由我社事业发展中心负责调换，联系电话：(010)63567692

本书编委会

主　编　杨　莉　周　琳　杨　洁
副主编　郭　婧　朱　旭　温立天
参　编　王晓丽

前　言

随着我国城市化进程的推进，城市交通问题日益严重，大多数城市把发展城市轨道交通作为解决城市交通问题的首选方案。作为城市的一种重要的公共交通运输工具，城市轨道交通的大部分线路处于地下空间，环境封闭，人员密集，一旦发生意外事故，不但容易造成人员伤亡和财产损失，而且还会产生恶劣的社会影响，引发许多复杂的社会问题。如果处理不当，还会引发社会动荡，所以城市轨道交通的安全管理非常重要。

运输安全对经济、社会和科学技术的发展起着重要保证作用。尤其是在社会主义市场经济体制逐步完善和发展的历史进程中，城市轨道交通运营安全水平直接关系到与其他运输方式的竞争实力和经济效益。因此，确保城市轨道交通的运营安全，是与社会主义现代化建设息息相关的永恒主题。

城市轨道交通安全管理课程立足于轨道交通各岗位的实际需求，针对各个环节讲解安全注意事项及要求，覆盖面广，内涵丰富。本教材以工作情景为导向，根据实际工作中的岗位安全需求，全面阐述了城市轨道交通安全管理的相关知识，并结合最近发生的事故案例，引人深思，发人深省具有创新特色，学以致用。

本教材由江西交通职业技术学院杨莉、北京电子科技职业学院周琳、贵州交通职业技术学院杨洁担任主编。贵阳职业技术学院郭婧、吉林电子信息职业技术学院朱旭、温立天担任副主编。河北东方学院王晓丽担任参编。其中杨莉编写项目一至项目三；周琳编写项目五、项目六；杨洁编写项目四；郭婧编写项目七；朱旭、温立天、王晓丽共同编写项目八。

本教材在编写过程中，参考了大量专业书籍和网络资料，同时得到一些专家学者的支持和帮助，在此一并致谢。由于编者水平有限，书中难免出现差错，敬请广大读者批评指正。

编者

目 录

项目一 认识安全管理及安全生产 1
  任务一 认识安全、隐患、事故 2
  任务二 认识安全生产 7
  任务三 认识安全管理 8

项目二 认识城市轨道交通安全 15
  任务一 认识城市轨道交通安全特征 16
  任务二 认识城市轨道交通安全影响因素 18
  任务三 认识城市轨道交通危险源 21

项目三 城市轨道交通安全技术 27
  任务一 列车安全技术 28
  任务二 车站安全技术 35
  任务三 消防与环控系统 40

项目四 城市轨道交通行车安全管理 49
  任务一 列车驾驶安全 50
  任务二 行车调度安全管理 58
  任务三 车站作业安全 65
  任务四 调车作业安全 73
  任务五 行车事故救援 76

项目五 客运安全管理 84
  任务一 客运职工安全管理 85
  任务二 乘客安全管理 88
  任务三 客运票务安全管理 92

项目六 城市轨道交通施工安全管理 96
  任务一 施工计划管理 97
  任务二 施工组织管理 99
  任务三 施工作业安全规范 108
  任务四 工务施工作业及调试、试验的安全措施 110
  任务五 施工作业安全案例分析 115

项目七　城市轨道交通安全监督管理 ·· 123
　　任务一　安全检查与教育培训制度 ·· 123
　　任务二　城市轨道交通消防安全监督管理 ·· 126
　　任务三　火灾救援、自救与逃生方法 ·· 136

项目八　突发事件及事故的应急处理 ·· 140
　　任务一　认识运营突发事件及事故 ·· 141
　　任务二　城市轨道交通的应急管理体系 ··· 146
　　任务三　城市轨道交通常见突发事故的应急处理 ······························· 152

综合练习一 ·· 160

综合练习二 ·· 162

参考文献 ·· 165

项目一　认识安全管理及安全生产

☞ **知识目标**

1. 了解安全、隐患、事故的概念；
2. 掌握安全、隐患、事故之间的关系；
3. 了解安全生产及安全管理的含义；
4. 掌握安全生产五要素。

☞ **能力目标**

1. 能够画出安全、隐患、事故关系思维导图；
2. 能够从生产环境中识别哪些行为是存在安全隐患的。

☞ **思政目标**

1. 培养学生具备较强的安全意识，并能够在工作中做到防微杜渐；
2. 培养学生细节意识和从小事做起的思维。

【项目导入】

曲突徙薪的故事

有人到别人家去做客，看到主人的烟囱太直了，火势很猛，灶边又堆着柴薪，就建议主人把灶上的烟囱改装得曲折一些，堆得柴薪也要搬得远一点。但是主人没理会。过了几天，这家失火了，邻居都赶来救火。因为大家手脚快，所以火很快就被扑灭了。主人感谢大家的帮忙，就杀牛置酒，来重重地款待大家。他还把客人的座位，按救火时出力的多少，顺次排列，以表示道谢。

但是，主人一直没有提起前几天要他改装烟囱的那位客人。大家觉得奇怪，就问主人原因。主人说："我今天是要请所有帮忙救火的人，至于建议的那个人，火灾当天，我并没有看见他呀！"客人忙说："你错了！如果你早听了他的话，这次失火根本就可以避免了。你感谢我们帮忙救火，难道就忘了他提出'曲突徙薪'的一片好心吗？"主人被这话提醒，心中过意不去，赶紧去请那位客人过来，并让他坐到上座。

读完这个故事，你有什么感想？请说一说。

任务一 认识安全、隐患、事故

一、安全的基本含义

安全泛指没有危险、不出事故的状态。

安全是指客观事物的危险程度能够为人们普遍接受的状态。

安全是指没有引起死亡、伤害、职业病或财产损坏、损失或环境危害的条件。

安全是指不因人、机、媒介的相互作用而导致系统损失、人员伤害、任务受影响或造成时间损失。

总结来说：安全是指在生产活动过程中，能将人或物的损失控制在可接受水平的状态。换言之，安全意味着人或物遭受损失的可能性是可以接受的，若这种可能性超过可接受的水平，即不安全。该定义具有以下含义：

（1）这里所讨论的安全是指生产领域中的安全问题，既不涉及军事或社会意义的安全与保安，也不涉及与疾病有关的安全。

（2）安全不是瞬间的结果，而是对于某种过程状态的描述。

（3）安全是相对的，绝对的安全是不存在的。

（4）构成安全问题的矛盾双方是安全与危险，而不是安全与事故。因此，衡量一个生产系统是否安全，不应仅仅依靠事故指标。

（5）不同的时代，不同的生产领域，可接受的损失水平是不同的，因而衡量系统是否安全的标准也是不同的。

二、隐患的基本含义

隐患是指系统潜在的危险。更通俗地说，隐患包括一切可能对人—机—环境系统带来损害的不安全因素。隐患是事故发生的必要条件，隐患可能是人的不安全行为，也可能是设备的不安全状态，还可能是两者的结合。因此，预防事故要从各种事故隐患的认识和分析入手，才能有的放矢。

不安全行为是指造成人身伤亡事故的人为错误，包括引起事故发生的不安全动作；应该按照安全规程去做，而没有去做的行为。不安全行为反映了事故发生的人的方面原因。

不安全状态是指导致事故发生的物质条件，包括物潜在的危险；作业环境潜在的危险。不安全状态反映了事故发生的物质条件方面的原因。

常见的安全隐患有以下几种类型：

（1）最大的心理隐患，如惰性心理、侥幸心理、麻痹心理、逞能心理。

（2）最直接的人为隐患，如违章、违纪、违标。

（3）最根本的管理隐患，如官僚主义、形式主义、好人主义。

如图1-1所示，请分析图中存在哪些隐患。

图 1-1　常见的安全隐患

三、危险的基本含义

危险是指系统中存在导致发生不期望的后果的可能性超过人民的承受程度。危险一般用危险度来表示,是与安全是相对的概念。

危险源则是指可能造成人员伤害、疾病、财产损失、作业环境破坏或其他损失的根源或状态。

四、事故的基本含义及特征

在生产活动过程中,由于人们受到科学知识和技术力量的限制,或者由于认识上的局限,当前还不能防止或能防止而未能有效控制而发生的违背人们意愿的事件序列。事故的发生,可能迫使系统暂时或较长时间中断运行,也可能导致人员伤亡或财产损失,或环境受到破坏,抑或两者、三者同时出现。

事故的特征主要包括事故的因果性;事故的偶然性、必然性和规律性;事故的潜在性、再现性和预测性。

因果性即一事物是另一事物发生的根据,这是一种关联性。事故是许多因素互为因果连续发生的结果,一个因素既是前一个因素的结果,又是后一个因素的原因。事故的因果性决定了事故的必然性。事故是一系列因素互为因果、连续发生的结果。事故因素及其因果关系的存在,决定事故或迟或早必然要发生。掌握事故的因果关系,采取措施中断事故因素的因果连锁,就消除了事故发生的必然性,从而可能防止事故的发生。

事故的偶然性表现在事故是否产生后果(人员伤亡、物质损失),以及后果的大小难以预测。反复发生的同类事故并不一定产生相同的后果。事故的偶然性决定了要完全杜绝事故发生是困难的。

事故的必然性中包含着规律性。既为必然,就有规律可循。必然性来自因果性,深入探查、了解事故因果关系,就可以发现事故发生的客观规律,从而为防止事故发生提供依据。

从偶然性中找出必然性,认识事故发生的规律性,变不安全条件为安全条件,把事故消除在萌芽状态之中,就是防患于未然、预防为主的科学依据。

事故往往是突然发生的。然而导致事故发生的因素,即"隐患或潜在危险"早就存在,只是未被发现或未受到重视而已。随着时间的推移,一旦条件成熟,就会显现出并酿成事故,这就是事故的潜在性。

事故一经发生,就成为过去。时间一去不复返,完全相同的事故不会再次显现。然而没有真正了解事故发生的原因,并采取有效措施去消除这些原因,就会出现类似的事故。所以,应该致力于消除事故的再现性。

人们根据对过去事故所积累的经验和知识以及对事故规律的认识,用科学的方法和手段,可以对未来可能发生的事故进行预测。事故预测就是在认识事故发生规律的基础上,充分了解、掌握各种可能导致事故发生的危险因素以及它们的因果关系,推断它们发展演变的状况和可能产生的后果。事故预测的目的在于识别和控制危险,预先采取措施,最大限度地减少事故发生的可能性。

事故的发生取决于人、物和环境的关系,且具有极大的复杂性。

五、安全、隐患、事故之间的关系

(一)海因里希因果连锁理论

海因里希法则(Heinrich's Law)又称"海因里希安全法则""海因法则",是美国著名安全工程师海因里希(Herbert William Heinrich)提出的300∶29∶1法则,如图1-2所示。

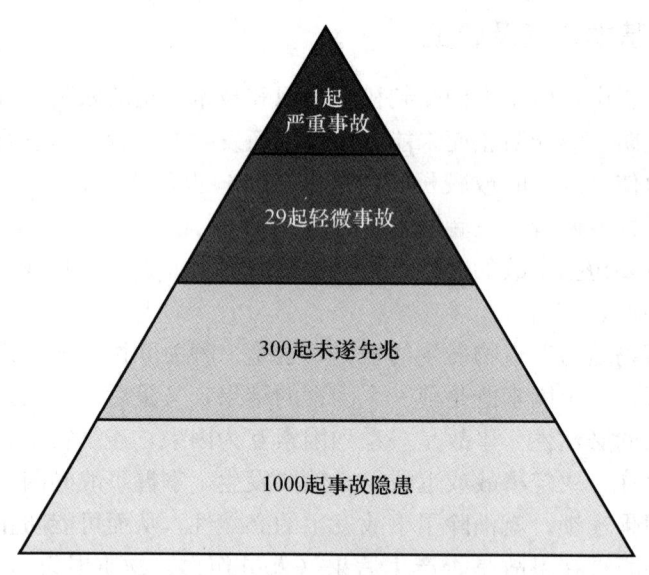

图1-2 海因里希法则

这个法则意为:当一个企业有300起隐患或违章,必然要发生29起轻伤或故障,另外还有1起重伤、死亡或重大事故。

海因里希法则是美国人海因里希通过分析工伤事故的发生概率,为保险公司的经营提出的法则。这一法则可以用于企业的安全管理上。即预防大事故的发生,必须先预防小事故的发生。

海因里希因果连锁理论认为伤亡事故是社会环境、人的过失、不安全行为或物的不安全状态、事故、伤亡按顺序发展的结果像多米诺骨牌。

海因里希最初提出的事故因果连锁过程包括如下5个因素：

(1) 遗传及社会环境：遗传因素及环境是造成人的性格上缺点的原因，遗传因素可能造成鲁莽、固执等不良性格；社会环境可能妨碍教育、助长性格上的缺点发展。

(2) 人的缺点：人的缺点是使人产生不安全行为或造成机械、物质不安全状态的原因，它包括鲁莽、固执、过激、神经质、轻率等性格上的先天缺点，以及缺乏安全生产知识和技能等后天缺点。

(3) 人的不安全行为或物的不安全状态：所谓人的不安全行为或物的不安全状态是指那些曾经引起过事故，或可能引起事故的人的行为，或机械、物质的状态，它们是造成事故的直接原因。例如，在起重机的吊荷下停留、不发信号就启动机器、工作时间打闹或拆除安全防护装置等都属于人的不安全行为；没有防护的传动齿轮、裸露的带电体、或照明不良等属于物的不安全状态。

(4) 事故：事故是由于物体、物质、人或放射线的作用或反作用，使人员受到伤害或可能受到伤害的、意料之外的、失去控制的事件。坠落、物体打击等使人员受到伤害的事件是典型的事故。

(5) 伤害：直接由于事故而产生的人身伤害。人们用多米诺骨牌来形象地描述这种事故因果连锁关系，得到多米诺骨牌系列。在多米诺骨牌系列中，一张骨牌被碰倒了，则将发生连锁反应，其余的几张骨牌相继被碰倒。如果移去连锁中的一张骨牌，则连锁被破坏，事故过程被中止。海因里希认为，企业安全工作的中心就是防止人的不安全行为，消除机械的或物质的不安全状态，中断事故连锁的进程而避免事故的发生。

(二) 海恩法则

海恩法则是飞机涡轮发动机的发明者德国人帕布斯·海恩提出的一个在航空界关于飞行安全的法则。该法则认为任何不安全事故都是可以预防的。

按照海恩法则，当一件重大事故发生后，人们在处理事故本身的同时，还要及时对同类问题的"事故征兆"和"事故苗头"进行排查处理，以此防止类似问题的重复发生，及时解决再次发生重大事故的隐患，从而把问题解决在萌芽状态。

海恩法则强调两点：①事故的发生是量的积累的结果；②再好的技术，再完美的规章，在实际操作层面，也无法取代人自身的素质和责任心。

"海恩法则"多用于企业的生产管理，特别是安全管理中。许多企业在对安全事故的认识和态度上普遍存在一个"误区"：只重视对事故本身进行总结，甚至会按照总结得出的结论"有针对性"地开展安全大检查，却往往忽视了对事故征兆和事故苗头进行排查；而那些未被发现的征兆与苗头，就成为下一次火灾事故的隐患，长此以往，安全事故的发生就呈现出"连锁反应"。

一些企业发生安全事故，甚至重特大安全事故接连发生，问题就出在对事故征兆和事故苗头的忽视上。"海恩法则"对企业来说是一种警示，它说明任何一起事故都是有原因的，并且是有征兆的；它同时说明安全生产是可以控制的，安全事故是可以避免的；它也给企业管理者提供了一种生产安全管理的方法，即发现并控制征兆。

假如人们在安全事故发生之前，预先防范事故征兆、事故苗头，预先采取积极有效的防范措施，那么，事故苗头、事故征兆、事故本身就会被减少到最低限度，安全工作水平也就提高了。由此推断，要制服事故，重在防范，要保证安全，必须以预防为主。

要在安全工作中做到以预防为主，必须坚持"六要六不要"：

（1）要充分准备，不要仓促上阵。充分准备就是不仅熟知工作内容，而且熟悉工作过程的每一细节，特别是对工作中可能发生的异常情况，所有这些都必须在事前搞得清清楚楚。

（2）要有应变措施，不要进退失据。应变措施就是针对事故苗头、事故征兆甚至安全事故可能发生所预定的对策与办法。

（3）要见微知著，不要掉以轻心。有些微小异常现象是事故苗头、事故征兆的反映，必须及时抓住它，正确加以判断和处理，千万不能视若无睹，置之不理，留下隐患。

（4）要以前车为鉴，不要以己见孤行。要吸取别人、别单位安全问题上的经验教训，作为本单位、本人安全工作的借鉴。传达安全事故通报，进行安全整顿时，要把重点放在查找事故苗头、事故征兆及其原因上，并且提出切实可行的防范措施。

（5）要举一反三，不要固步自封。对于本人、本单位安全生产上的事例，不论是正面的还是反面的事例，只要具有典型性，就可以举一反三，推此及彼，进行深刻分析和生动教育，以求安全工作的提高和进步。绝不可以安于现状，不求上进。

（6）要亡羊补牢，不要一错再错。发生了安全事故，正确的态度和做法就是要吸取教训，以免重蹈覆辙。绝不能对存在的安全隐患听之任之，以免错上加错。

（三）安全、隐患、事故之间关系阐述

安全与危险是一对矛盾，具有矛盾的所有特性。一方面，双方互相排斥、互相否定；另一方面，安全与危险两者互相依存，共同处于一个统一体中，存在着向对方转化的趋势。描述安全与危险的指标分别为安全性与危险性，安全性越高则危险性就越低，否则越高。两者存在如下关系：

$$安全性 = 1 - 危险性$$

安全与事故是对立的，但事故并不是不安全的全部内容，而只是在安全与不安全矛盾斗争过程中某些瞬间突变结果的外在表现。

危险不仅包含了作为潜在事故条件的各种隐患，同时包含了安全与不安全的矛盾激化后表现出来的事故结果。

事故总是发生在操作的现场，总是伴随隐患的发展而发生在生产过程中，事故是隐患发展的结果，而隐患则是事故发生的必要条件。

从以上理论中可以看出，隐患、安全、事故之间是有递进关系的，现总结如图1-3所示。

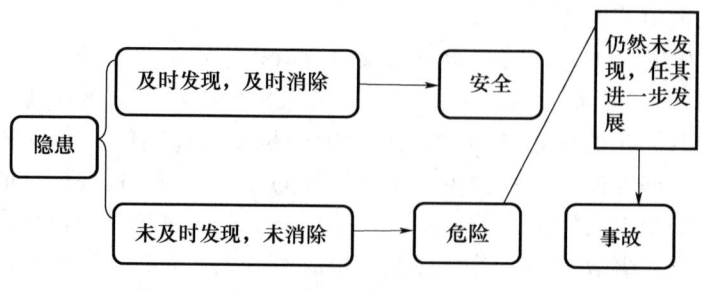

图1-3 安全、危险、隐患、事故关系图

任务二　认识安全生产

一、安全生产的概念

《辞海》对安全生产的解释：为预防生产过程中发生人身、设备事故、形成良好劳动环境和工作秩序而采取的一系列措施和活动。《中国大百科全书》对安全生产的解释：旨在保护在生产过程中安全的一项方针，也是企业管理必须遵循的一项原则，要求最大限度地减少劳动者的工伤和职业病，保障劳动者在生产过程中的生命安全和身体健康。

总结来说，安全生产就是在正常的工作秩序下进行生产活动，防止人身伤亡和财产损失事故，控制一切危险源和隐患因素，确保人身安全、设备不受损害、环境不受影响等活动的总称。

二、安全生产五要素

(一) 安全生产五要素的内容

安全生产五要素是指安全文化、安全法制、安全责任、安全科技和安全投入。

1. 安全文化

安全文化即安全意识，是存在于人们头脑中，支配人们行为是否安全的思想。安全文化就是安全理念、安全意识以及在其指导下的各项行为的总称，主要包括安全观念、行为安全、系统安全、工艺安全等。

安全文化的实质是一种手段，它是要建立一整套科学而严密的规章制度和组织体系，要培养员工遵章守纪的自觉性和良好的工作习惯，主要包括3个层次：

(1) 安全物质文化：是安全活动的物质基础，也是保证安全生产的本质和基础。

(2) 安全管理文化：包括职业安全、健康（职业危害）的法律法规、管理体系及程序文件、安全规章制度、培训教育、作业文件、操作规程等内容，是安全生产的手段和方法。

(3) 安全精神文化：包括安全观念、方针政策、思想意识、文化素质等，是安全生产的方向和准则。

安全文化的发展历程见表1-1。

表1-1　安全文化发展历程

发展阶段	时间	观念特征	行为特征
古代安全文化	17世纪前	宿命论	被动承受型
近代安全文化	17世纪~20世纪	经验论	事后型、亡羊补牢
现代安全文化	20世纪中	系统论	综合型、人机环对策
发展的安全文化	20世纪50年代后	本质论	超前、预防型

安全文化具有以下功能：

(1) 凝聚功能：使全体人员保持一致，在安全观念、安全目标和行为准则上形成强烈的心理认同力量，表现强大的凝聚力和向心力。

（2）导向功能：安全文化具有巨大的感召力，通过教育培训和提供安全氛围，使员工接受共同的价值观念。

（3）激励功能：能够更好地发挥人的积极性、主动性和创造性。

（4）约束功能：强调软约束，形成心理定势，构造响应机制产生强大、深刻、持久的约束效果。

（5）协调功能：使企业从上到下形成安全共识，有共同的价值观、信念和态度，便于沟通和协作。

安全文化有如下作用：

（1）对企业内部来说，安全文化能够使员工提高安全意识，重视职业道德，改善人际关系，培养企业精神。

（2）安全文化对外能够树立企业形象，提高企业声誉，增强企业竞争力。

2. 安全法制

安全法制是指安全生产法律法规和安全生产执法。企业可通过健全安全法制，加大安全执法力度来规范员工安全行为。

3. 安全责任

安全责任主要是指搞好安全生产的责任心。通过建立健全安全生产责任制及安全生产问责制来强化企业内部安全生产的责任心。

4. 安全科技

安全科技是指安全生产科学与技术。通过在企业内部推进安全科教进步，实施"科技兴安"战略，来解决企业内部的重大安全科技问题。

5. 安全投入

安全投入是指保证安全生产必需的经费，企业通过加大安全投入，建设安全投入机制，来确保企业的安全生产顺利进行。

（二）安全生产五要素之间的关系

安全生产五要素既相对独立，又是一个有机统一的整体，它们相辅相成、互为条件。其中，安全文化作为灵魂和统帅，是安全生产工作的基础和精神指向；安全法制是安全生产工作进入规范化和制度化的必要条件；安全责任是进一步落实安全法制的手段；安全科技是保证安全生产工作现代化的工具；安全投入为其他各个因素能够开展提供物质保障。

任务三　认识安全管理

一、安全管理的概念

安全管理是企业管理的一个重要组成部分，是以安全为目的，进行有关决策、计划、组织、指挥、控制和协调等一系列活动的总称。

二、安全管理的主要内容

安全管理的范畴包括安全生产和劳动保护两大方面。安全管理的主要内容是为贯彻执行国家安全生产的方针、政策、法律和法规,确保生产过程中的安全而采取的一系列组织措施。如建立健全安全组织机构,制订和完善安全管理制度,编制和实施安全技术措施计划,进行安全宣传教育,组织安全检查,开展安全竞赛以及总结评比、奖励、处分等。

三、安全管理的基本任务

安全管理的基本任务是发现、分析和消除生产过程中的各种危险,防止发生事故和职业病,避免各种损失,保障员工的安全健康,从而推动企业生产的顺利发展,为提高经济效益和社会效益服务。

四、安全管理的目标

安全管理的目标是减少和控制危害,减少和控制事故,尽量避免生产过程由于事故所造成的人身伤害、财产损失、环境污染以及其他损失。

五、安全管理的基本对象

安全管理的基本对象是企业的员工,涉及企业中的所有人员、设备设施、物料、环境、财务、信息等各个方面。安全生产管理的内容包括安全生产管理机构和安全生产管理人员、安全生产责任制、安全生产管理制度、安全生产策划、安全教育培训、安全生产档案等。

六、安全管理的基本特征

安全管理具有长期性、全员性及重要性的基本特性。

(1) 长期性。安全问题存在于生产活动的始终,因此,安全管理活动贯穿一切生产活动,是一项经常性、长期性的工作。从宏观角度来衡量,在人类生产领域中,随着科学的发展以及新技术的应用,会不断出现新的安全技术问题,而人们对安全问题的认识也会进一步深化,更加体现出安全管理活动的长期性和艰巨性。

(2) 全员性。保证企业能够安全地生产,这是一项与企业全员的行为和切身利益密切相关的工作,必须靠企业的全员来保证。事故率是一个综合性的指标,事故率的高低,体现了企业的综合管理水平,而不仅仅是安全管理人员的事情。因此,全员参与安全管理便构成了安全管理的基础。

(3) 重要性。安全问题之所以重要,就在于它遍及生产活动过程的每一个角落,同时牵涉千千万万个家庭。一起重大事故,不仅使企业蒙受经济损失,还会在广大职工心灵上蒙上一层阴影。而良好的安全生产环境和秩序,有利于促进经济繁荣,保证广大职工安居乐业,促进经济快速发展。因此,安全管理十分重要,它与企业的经济效益有直接的联系。

七、安全管理工作中的专业安全工作者

在企业安全管理系统中，专业安全工作者起着非常重要的作用，他们既是企业内部上下沟通的纽带，更是企业领导者在安全方面的得力助手。在充分掌握资料的基础上，为企业安全生产实施日常监管工作，并向有关部门或领导提出安全改造、管理方面的建议。归纳起来，专业安全工作者的工作可分为如下4个部分：

（1）分析。对事故与损失产生的条件进行判断和估计，并对事故的可能性和严重性进行评价，即进行危险分析与安全评价，这是事故预防的基础。

（2）决策。确定事故预防和损失控制的方法、程序和规划，在分析的基础上制订出合理可行的事故预防、应急措施及保险补偿的总体方案，并向有关部门或领导提出建议。

（3）信息管理。收集、管理并交流与事故和损失控制有关的资料、情报信息，并及时反馈给有关部门或领导，进而保证信息的及时交流和更新，为分析与决策提供依据。

（4）测定。对事故和损失控制系统的效能进行测定和评价，并为取得最佳效果做出必要的改进。

八、安全管理制度

（一）我国现行安全生产管理体制

我国实行"企业负责、行业管理、国家监察、群众监督"的安全管理体制。20世纪90年代之前，我国的安全管理体制是"国家监察、行政管理、群众监督"。随着改革的深入、政府职能的转变以及企业自主权的扩大，企业在事故预防方面担负的责任加重了。20世纪90年代初，确立了现行的安全管理体制。"企业负责、行业管理、国家监察、群众监督"有一个共同的目标，就是从不同的角度、不同层次、不同的方面来推动"安全第一、预防为主、综合治理"方针的贯彻，协调一致地抓好安全生产。

1. 企业负责

企业是国民经济的基本单位，是从事生产和经营活动的实体。随着社会主义市场经济的建立和企业运行机制的转变，企业已经成为独立的法人。

企业的法人代表是企业的安全生产第一负责人，是企业事故预防工作的直接组织者和指挥者，要全面负责企业的事故预防工作，企业领导要牢固树立"安全第一"的观念，提高各级管理人员和全体职工的安全意识，正确处理安全与生产、安全与效益、安全与稳定的关系，把"安全第一、预防为主、综合治理"的安全生产方针贯彻于企业一切生产经营活动的全过程。

企业必须遵守国家有关安全生产的法规、制度、规范，依法进行安全管理。企业要建立健全安全组织机构，完善内部激励机制和监督、约束机制，认真建立和执行安全生产责任制等安全生产管理制度。企业要在发展生产的同时，不断改善劳动生产条件，消除、控制生产过程中的各种不安全因素，从而提高企业预防事故的能力。

2. 行业管理

行业归口管理部门与企业主管部门必须根据"管生产必须管安全"的原则，在组织

管理本行业、本部门经济工作中，加强对所属企业的安全管理。

行业安全管理是对行业所属企业贯彻执行国家安全生产方针、政策、法规和标准，进行计划、组织、指挥、协调、宏观控制，以提高整个行业的安全管理和技术装备水平，控制和防止伤亡事故的发生，保障职工安全健康和生产任务顺利完成。行业安全管理的职责，主要包括以下7个方面：

（1）贯彻执行国家安全生产方针、政策、法规和标准，制订本行业的具体规章制度和安全规范，并组织实施。

（2）实行安全目标管理，制订本行业安全生产的长期规划和年度计划，确定方针、目标、具体措施和实施办法，并严格执行。

（3）在重大经济、技术决策中提出有关安全生产的要求和内容，组织和指导企业制定和落实安全措施计划，督促企业改善劳动条件。

（4）在新建、改建、扩建工程和技术引进、技术改造的过程中，贯彻执行主体工程与安全卫生设置时，同时设计、同时施工、同时投产的"三同时"规定；在组织开发新材料、新产品、新技术、新工艺的过程中，执行有关劳动保护的规定。

（5）参与组织本行业的职工进行安全教育与培训工作。

（6）对本行业所属企业的安全生产工作进行督促检查，解决存在的问题或隐患；组织或参与伤亡事故的调查处理，并协助国家监察部门查处违章失职行为。

（7）组织本行业的安全检查、评比和考核，表彰先进，总结和交流安全生产经验。

行业安全管理包含着监督检查的职能。有些行业设置了事故预防工作机构，具体负责本行业的安全管理和安全检查工作。行业安全检查的性质属于按行业归口或行政隶属关系自上而下地进行的自我监督和业务监督，它与国家劳动安全监察在性质、地位和职权上都有很大的不同。

【案例引入】

2020年10月9日，浙江省绍兴市住房和城乡建设局办公室发布调查处理结果，对绍兴轨道交通1号线相关方伪造检测报告一事进行了通报。

2019年3月21日，发现在建的绍兴地铁1号线群贤路站，盖板下有一临时立柱钻孔灌注桩被检测判定为不合格。随后相关方召开会议确定增补一根"补强桩"对立柱桩补强，并出具了检测报告。

6月12日，绍兴市建设工程质量安全管理中心（下称绍兴质安中心）进行质量安全巡查时发现，当初出具检测报告时，检测公司未进行桩身取芯。这一步骤是检测的必需流程，即该报告是伪造的。

6月18日～9月25日，绍兴质安中心对此事进行了调查。经核实，6月10日，中铁十六局工程资料管理人员齐××没有完成既定工作，为了逃避责任而编造数据，填写进补强桩"检测简报"。随后齐××到检测单位，趁工作人员不备加盖了该单位印章，造成"伪造检测报告事件"。

轨道交通工程领域人士表示，临时立柱起到受力作用，支撑着上方物体的重量，关系到整个地铁车站的施工安全，如果工程质量不合格可能导致重大安全事故，甚至影响周边建筑物、市政管线、城市道路的安全。

2019年12月12日，厦门地铁1号线和2号线交汇的吕厝路口，施工现场发生约

500m² 地面塌陷，两辆轿车滑入，同时造成自来水管、污水管破裂。该事故就是因为施工过程中的临时立柱超负荷承重，导致失稳，造成局部顶板瞬间坍塌。

此次涉事的绍兴市城市轨道交通1号线工程土建施工，建设单位为绍兴京越地铁有限公司，施工单位为中铁十六局集团有限公司，监理单位为上海华铁工程咨询有限公司，检测单位为绍兴正浩工程检测有限公司。

通报显示，4家公司均受到处罚，具体如下：中铁十六局集团有限公司，在立柱桩不合格的情况下，未告知监理单位，擅自补强处置；未委托检测机构对补强桩进行检测，公司的工程人员编造数据，利用检测单位内部管理不严，偷盖检测报告专用章，导致"伪造检测报告事件"发生。责令其改正，处以罚款，予以通报批评。

上海华铁工程咨询有限公司，未指派监理人员对补强桩实施监理，未核查市质安中心提出的整改要求，不负责任签署整改回复。责令其改正，处以罚款，予以通报批评。

绍兴正浩工程检测有限公司，制度不健全，工作人员责任心不强，档案资料管理混乱，检测数据无法追溯。责令改正，处以罚款，予以通报批评。

绍兴京越地铁有限公司，未认真承担工程质量第一责任人职责，现场管理人员职责落实不到位，对施工、监理等单位违规行为未及时发现，责令改正。对于擅自编补数据的中铁十六局有限公司员工齐××，予以警告，并列入诚信"黑名单"。

3. 国家监察

国家监察是国家安全监察部门对安全生产工作进行的监察，具有权威性和相对的独立性、公正性。

安全监察的对象主要是企事业单位，也包括国家法规中所确定的负有安全生产职责的有关政府机关、企事业主管部门、行业主管部门等。

安全监察的任务主要是依法对上述被监察对象履行安全生产职责和执行安全法规、政策的情况进行监督检查；及时发现和揭露存在的问题和偏差，纠正和惩戒违章失职行为，以保证国家安全生产方针、政策和法规的贯彻执行，保护职工的安全与健康，促进社会主义建设事业的发展。安全监察在客观上对于调整劳动关系、改善企业管理、提高经济效益、改进生产技术也能起到积极的作用。

安全监察的工作程序因被监察对象的不同而不完全相同。一般来说是一检查、二处理、三惩罚。检查是为了了解企事业单位遵循安全法规的情况，发现存在的问题；处理是就检查发现的问题，向企事业单位提出监察意见，令其改正；企事业单位按照监察意见进行整改，达到监察目的，如果企事业单位不按监察意见进行整改，监察部门便可依法惩罚，迫使其改正。

4. 群众监督

群众监督是指广大职工通过工会或职工代表大会监督和协助各级领导贯彻落实安全生产方针、政策、法规，进而做好事故预防工作。

（二）企业安全管理制度

在我国，企业必须建立以安全生产责任制为核心的安全管理制度。根据"五项规定"的要求，企业必须建立安全生产责任制度、安全生产教育制度、安全生产检查制度、安全技术措施计划以及伤亡事故报告和处理制度，它们构成了我国企业安全管理基本制度，称为"五项制度"。

1. 安全生产责任制度

安全生产责任制度规定各级领导应对本单位安全生产负总的领导责任，以及各级工程技术人员、职能科室和生产工人在各自的职责范围内，对安全生产应负的责任。

2. 安全生产教育制度

安全生产教育制度是对企业各类人员进行安全生产教育的制度，它包括"三级教育"、特种作业人员的专门训练、经常性的安全教育等内容。

三级教育制度是企业必须坚持的基本安全教育制度和主要形式。所谓"三级教育"，是对新工人、参加生产实习的人员、参加生产劳动的学生和新调到本单位工作的工人集中一段时间，连续进行入厂教育、车间教育和岗位教育3个级别的安全教育。

对从事特种作业的人员，要进行专门的安全技术和操作知识的教育和训练，经过国家有关部门考核合格后，发给"特种作业人员操作证"。特种作业人员在进行作业时，必须随身携带"特种作业人员操作证"。

企业还应进行经常性的安全生产教育，建立安全活动日和在班前班后会上布置、检查安全生产情况等制度，对职工经常进行安全教育，并注意结合职工文化生活，进行各种安全宣传活动。

3. 安全生产检查制度

安全生产检查是安全生产管理工作的一项重要内容，是多年来从生产实践中创造出来的一种好形式；是安全生产工作中运用群众路线的方法，发现不安全状态或不安全行为的有效途径；是消除不安全因素、落实整改措施、改善劳动条件，防止事故的重要手段。

4. 安全技术措施计划

安全技术措施计划是企业计划的重要组成部分，是有计划地改善劳动条件的重要手段，也是做好安全生产工作，防止工伤事故和职业病的重要措施。

企业在编制生产技术、财务计划的同时，必须编制安全技术措施计划。企业领导应对安全技术措施计划的编制和贯彻执行负责。通过编制和实施安全技术措施计划，可以把改善劳动条件工作纳入企业的生产经营计划，有计划、有步骤地解决企业中一些重大安全技术问题，使企业劳动条件的改善逐步走向计划化和制度化。把安全技术措施中所需要的费用、设备、器材以及设计、实施力量等纳入计划，就可以统筹安排、合理使用，使企业在改善劳动条件方面的投资发挥最大的作用。

5. 伤亡事故报告和处理制度

根据《企业职工伤亡事故报告和处理规定》，伤亡事故发生后负伤者或事故现场有关人员应当立即直接或逐级报告企业负责人。企业负责人接到重伤、死亡、重大死亡事故报告后，应当立即报告企业主管部门和企业所在地安全部门、公安部门、人民检察院、工会。企业主管部门和安全部门接到报告，应当立即按系统逐级上报。在事故发生后，应立即保护事故现场，并迅速采取必要措施抢救人员和财产，防止事故扩大。

在事故调查和处理过程中，坚持"四不放过"的原则，即事故原因分析不清不放过、事故责任人和群众没有受到教育不放过、没有制订出防范措施不放过、事故责任者没有受到处理不放过。事故处理结束后，应当把事故资料归档。事故档案使企业技术档案的一个组成部分，事故档案建立后，应送企业技术档案室编号归档。

☞ 项目小结

安全是指在生产活动过程中，能将人或物的损失控制在可接受水平的状态。安全管理是管理者对安全生产进行的计划、组织、监督、协调和控制的一系列活动。我国的安全生产界认为："事故是指在生产活动过程中发生的一个或一系列非计划性的（即意外的），可导致人员伤亡、财产损失以及环境危害的事件。"隐患是指在生产活动中，由于人们受到科学知识和技术力量的限制，或者由于认识上的局限，而客观存在的可能对系统造成损失的不安全行为或不安全状态。

企业安全管理主要包括安全生产责任制及组织保障、生产投入与安全技术措施计划、安全生产教育培训、安全生产检查等。现场安全管理是指生产经营单位按照国家有关安全生产法规和本单位的安全生产规章制度，以直接消除生产过程中出现的人的不安全行为和物的不安全状态为目的的一种最基层的、具有终结性的安全管理活动。

项目二　认识城市轨道交通安全

☞ **知识目标**

1. 了解城市轨道交通安全的特征；
2. 掌握城市轨道交通安全的影响因素；
3. 了解危险源的含义及种类；
4. 掌握城市轨道交通危险源的识别及风险控制。

☞ **能力目标**

1. 能够准确识别车站及区间存在的危险源并加以控制；
2. 能够对乘客进行安全教育并制止乘客的不安全行为。

☞ **思政目标**

1. 培养学生具备较强的安全意识，能够在工作中做到防微杜渐；
2. 培养学生责任意识，有较强的职业责任感；
3. 培养学生主人翁意识，能够发挥职业精神。

【项目导入】

2020年10月1日起，新修订的《武汉市轨道交通管理条例》（以下简称《条例》）开始施行。根据《条例》，地铁站内使用平衡车自行车、乞讨、手机外放等行为将被禁止。经梳理，全国不止武汉市，北京市、上海市、广州市等多个城市此前也出台相关规定，对乘客乘坐轨道交通的行为进行具体约束，违者将受到处罚。

（1）电子设备外放声音者最高罚款200元。

许多人在坐地铁时，都有被旁边人外放音乐打扰的经历，外放音乐行为也一直被大家诟病。在此次武汉市新修订的《条例》中，新增了"禁止使用电子设备外放声音"这一项规定，违者最高将被处罚200元。该规定的出台受到不少网友好评，网友们纷纷表示："建议全国推广""地铁外放声音随处可见，这个举措好"。

事实上，在其他城市也有禁止在地铁内使用电子设备外放声音的规定。2019年5月15日，北京市出台地铁新规，明确约束这一行为；上海市、石家庄市、杭州市、贵阳市、南京市、南宁市也明令禁止使用电子设备外放声音。此外，北京市禁止大声喧哗或弹奏乐器，南京市禁止大声喧哗吵闹，各地均致力于为地铁乘客营造舒心的乘车环境。

（2）地铁车厢内进食者最高可罚500元。

由于地铁车厢属于密闭空间，在地铁上吃东西，食物的气味很难散去。味道比较大的食物会影响他人的乘车体验，食物、饮品的洒漏等甚至还可能造成安全隐患。

因此，上海市、广州市、北京市、石家庄市、杭州市、南京市、南宁市、武汉市等城市均明令禁止在地铁车厢内进食，在北京市地铁步行梯、电梯、通道、车厢内饮食最高可罚 500 元。

（3）强行上下车、扒车门将被依法查处。

不少人都经历过这样的"生死时速"：在地铁关门前的几秒钟伴着关门警报声飞奔进车厢。然而这一行为被多地视为阻碍地铁正常运行。武汉市明令禁止乘客阻挡车门或者站台门关闭，同时被禁止的行为还包括攀爬或者翻越围墙、栏杆、闸机、站台门、机车等，擅自操作有警示标志的按钮、开关装置，非紧急状态下动用应急或安全装置等，违规者将由公安机关依法查处。广州市也对乘客头、手或随身物品越过站台门，强拉车门或站台门，强行上下车等行为进行明令禁止。

北京市、石家庄市、南京市、南宁市等地则禁止乘客在列车车门或站台门提示警铃鸣响时强行上下列车、车门或站台门关闭后扒门等行为。

（4）滑板、平衡车等代步工具禁止带进地铁。

如今，使用滑板、平衡车等工具上下班成为不少年轻人的选择。不过，由于地铁站和地铁内人群密集，使用代步工具会大大增加安全风险，因此多地禁止乘客携带代步工具进入地铁。

北京市、上海市、杭州市、南京市、南宁市等城市均有规定，禁止在车站或者列车内使用滑板、滑轮鞋、平衡车、自行车等工具。同时，上海市、杭州市、南京市、南宁市还规定，不得骑行电动车进入地铁，但残疾人助力车不在限制范围内。广州禁止携带电瓶车、电动滑板等电动代步工具乘车，但乘客可以携带完整包装且符合携带行李规定的折叠自行车，以及无障碍用途的电动轮椅乘车。

请思考，以上行为对于地铁运营有可能造成哪些危险？请说一说。

任务一　认识城市轨道交通安全特征

一、安全的普遍性

安全问题是随着生产的产生而产生、生产的发展而发展的。作为伴随生产而存在的安全问题，对所有的技术系统都具有普遍意义，城市轨道交通系统也不例外。安全的普遍性主要表现在如下方面：

（1）安全的系统性。安全涉及技术系统的各个方面，包括人员、设备和环境等因素，而这些因素又涉及经济、社会、科技、教育和管理许多方面，特别对于像城市轨道交通这样的开放系统，安全既受内部因素制约，又受外部环境的干扰。因此，研究和解决安全问题应从系统的观点出发，运用系统工程方法进行综合治理。

（2）安全的相对性。凡是人类从事的生产活动，都有安全问题，所不同的只是发生事故的可能性有大有小，危害程度有轻有重而已。安全是相对的，系统发生事故的可能性始终存在，从这个意义上说，要树立预防事故、防患于未然的思想。

（3）安全的依附性。由于安全不能脱离具体的生产过程而独立存在，这可能在实践中导致重生产、轻安全；而另一方面，安全又是生产的基础和保障，正常有序的生产同系统的安全运行和管理是不可分割的。

（4）安全的间接效益性。要保证生产安全必须在人员、设备、环境和管理方面有相应、适时的安全投入，但安全投入所产生的经济和社会效益都是间接的、无形的和难以定量计算的，因此安全投入容易被忽视，必须认识到安全投入的必要性。事实上，安全的效益除了能减少事故的直接和间接经济损失外，更重要的是体现在提高人员素质、改进设备性能、改善环境质量和加强生产管理等方面所创造的积极的经济和社会效益。

（5）安全的长期性。人们对安全的认识在时间上往往是滞后的，不可能预先认识到系统存在和面临的各种危险和隐患，而且即使认识到了，有时也会由于技术条件所限而无法控制。随着技术进步和社会发展，旧的安全问题解决了，新的安全问题又会产生。安全问题不是一朝一夕的问题，它是长期存在的，抓安全需要长期不懈、始终如一地努力才行。

（6）安全的艰巨性。由于高技术总是伴随着高风险，随着现代科学技术的发展和系统复杂化程度的增加，事故后果越发严重，不允许通过事故重演来深化对安全的认识，应及时地、多层次地对系统的危险性进行分析和控制，可见，安全工作的任务相当艰巨。

二、安全的特殊性

（1）安全的动态性。车辆在固定轨道上进行定向运动，是城市轨道交通最显著的特点，因此，一系列安全问题，多是围绕车辆在轨道上的定向运动而展开的。

（2）事故后果的严重性。城市轨道交通行车密度大，且速度较高，一旦出现设备异常或人为操作错误，致使事故发生，不仅造成巨大的财产损失和人员伤亡，更重要的是造成的社会影响，其严重性难以估量。

（3）安全对管理的依赖性。城市轨道交通运输生产过程是由运营管理、车辆、线路、信号、供电和环控等多部门多工种联合作业、协同动作、经过多个环节完成的，涉及设备数量庞大、种类繁多，是复杂的人机动态系统。这样庞大的人机动态系统的安全运行，离不开管理的协调作业。所以，安全在很大程度上依赖于管理的有效性。

（4）安全的复杂性。安全受外部环境的影响很大。城市轨道交通运输是在一个开放的环境中进行的，其过程有较大的空间位移和较长的时间延续，外界自然环境，如雨、雾、风、雪及各种自然灾害都会对运输安全产生不利的影响。社会环境，如社会治安、社会风气及社会政治经济状况等，均对安全构成影响，而且难以预测和控制。因此，城市轨道交通运输环境安全综合治理涉及面广、难度大，具有安全的复杂性。

三、城市轨道交通的安全特征

城市轨道交通是城市公共客运交通系统的重要组成部分，是城市大运量的客运交通系统。城市轨道交通系统中的地铁和轻轨，一般都处在地下或高架桥上的半封闭空间里，环境封闭、空间狭小、人员和设备高度密集，通风排烟设备布设困难、疏散逃生受到极大限制，一旦发生重大事故、灾害等突发事件，人员疏散和救援困难，处置不当等，将产生巨大的人身和财产损失，进而对社会经济和生活造成重大影响。经过对安全普遍性及特殊性的结合，总结出城市轨道交通安全的特征如下：

（1）全线性。由于城市轨道交通列车具有依赖于单一轨道连续运行的特点，一旦在运行线路上发生严重事件或灾害，会造成整条线路的运营中断，甚至可能影响其他线路的正常运行，而且在一定时间内将难以恢复。

（2）连带性。城市轨道交通的客流量大，而客流在一定时间内局限于有限的封装区域内，一旦发生突发事件及灾害，除了乘客可能受到直接伤害外，还极易造成其他各类次生、衍生或耦合灾害。

（3）局限性。当城市轨道交通发生重大突发事件、灾害，在实施救援时，由于事发地点空间的限制给救援工作带来难度。救援工作延续时间越长，灾害的影响程度就越大。

（4）群体性。在城市轨道交通车站、隧道、商场区域，单位面积人数多，在发生突发事件、灾害时，极易造成群死群伤，社会影响大。

任务二　认识城市轨道交通安全影响因素

城市轨道交通系统运营安全取决于人员、设备、环境和管理 4 大要素。人员的安全技术和素质、设备的质量和安全性能、环境（内部、外部）状况以及管理水平都单独或综合地影响着系统的安全。安全管理担负着监督人、机、环境的动态变化，调节和控制三者的状态，保证系统安全运行的连续和有序的责任。因此，安全管理需要运用各种有效的组织管理手段，采取各种必要的安全技术措施，调动一切积极因素，形成强大的安全保障体系。

一、人的影响因素分析

根据调查，人的不安全行为在城市轨道交通事故诱因中占有很高的比例，可见，人的因素对安全影响极大。对于人的影响因素，应从行车系统人员、客运服务人员、设备检修及维护人员、安全管理人员及系统外人员（如乘客等）分别进行分析。对系统内人员从思想素质、技术业务素质、生理心理素质和群体素质等方面进行详细分析；对系统外人员从引发城市轨道交通突发事件的因素进行分析，如未遵守乘客安全守则、人为故意破坏等。

其中，人的年龄与事故构成的浴盆曲线如图 2-1 所示。

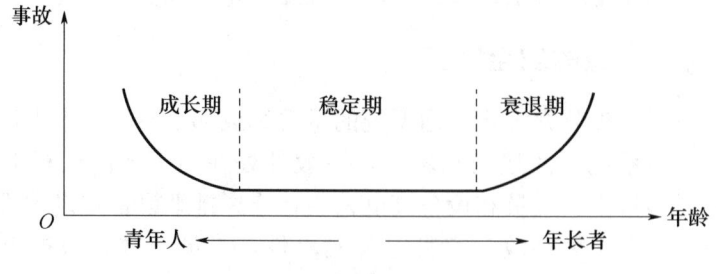

图 2-1　年龄与事故构成的浴盆曲线

(一) 系统内人员的不安全行为分析

系统内人员的不安全行为的主要表现有操作错误，忽视安全提示；造成安全装置失效；使用不安全设备；以手代替工具操作；物体存放不当；冒险进入危险场所；攀、坐不安全位置；注意力不集中；穿着不利于安全；对必须使用的个人防护用品或用具忽视使用或使用不当；对易燃、易爆物品处理错误等。

【案例引入】

2011年9月22日11时55分，西单站带班值班站长在站台巡视时发现西单站站台3号电梯故障，有异响，立即停梯，关闭电梯上下围栏，并挂故障牌；同时报机电人员维修，写报修记录。12时00分，机电第二项目部电梯维修中心主任唐某某、维修员南某某接到西单站客运人员报修电话，于12时20分到达西单站。机电维修人员到达现场后，根据车站工作人员的描述，对地铁故障情况进行检查，发现在电梯头部疏齿板处有3个小螺钉，进行了清除处理，开启扶梯试运转，看到扶梯运转正常，便向车站工作人员报告修复完成。此时机电工作人员在未打开该电梯上方护栏门的情况下，打开了该电梯下方的护栏门，且该电梯处于运行状态。恰好有列车进站，乘客乘坐3号扶梯，由于该扶梯上头部护栏门未完全打开，形成拥堵，发生乘客挤伤。

(二) 系统外人员（乘客等）的不安全行为分析

流外人员（乘客等）的不安全行为主要表现为携带超长、超宽、超高、笨重物品进站；携带易燃、易爆危险品进站；人员奔跑打闹；乘客在门即将关闭时抢上抢下；人员吸烟；人员倚靠、扶摸车门；人员无故打开列车车门；人员无故按压站台紧急停车按钮；人员无故按压电梯紧停按钮等。

【案例引入】

2020年9月，有网友爆料，上海市地铁13号线内，有两名年轻女子，直接在人来人往的站台上劈叉。两名年轻女子从地铁车厢内走出，随后在站台上同步做出劈叉动作。她们身后的站台信息显示，视频拍摄地是在上海地铁13号线武宁路站。

网友纷纷质疑：地铁岂是"秀场"？既不安全，又妨碍他人。据澎湃新闻报道，记者从警方处了解到：2020年9月1日，李某瑜（女，23岁）、李某蕾（女，23岁）为博取网络关注，在明知乘坐上海市轨道交通须佩戴口罩的情况下，蓄意在轨交13号线武宁路站、隆德路站站台摘下口罩后（挂于耳侧）多次做出劈叉动作，并拍摄相关视频发布于网络。目前，两人因扰乱公共场所秩序被轨交公安处以行政警告。

据调查，类似在公众场合作秀的行为，并不是个例。2020年8月，广州市公安局通报称，有男子在地铁车厢铺草席，拍摄和直播躺卧、吃饭等视频，影响乘客安全出行。视频短时间内点击量升至700万，评论多达2万余条。警方依法对2人做出行政拘留的处罚，其中一人还是"95后"。

二、设备的影响因素分析

城市轨道交通系统设备包括车辆系统、通信信号系统、供电系统、线路系统、通风与空调系统、给排水与消防、综合自动化、电扶梯、站台门及自动售检票设备等，这些设备在运营过程中都存在一定的风险。对于设备因素，可从具体设备和总体设备两方面分析。具体设备应从其可靠性、先进性、操作性和维修方便性等方面衡量其设计的安全性，从运行时间、故障及维修保养方面确定其使用的安全性。总体设备则从设备的布局、配合性、作业能力和固定资产含量等方面分析设备的总体安全性。

【案例引入】

网络流传的一则视频称，武汉市地铁3号线某站台的屏蔽门被撞得粉碎，引发网友猜测。

经媒体核实，事情发生在2020年8月2日凌晨3时34分许，该时段是武汉市地铁的非运营时段，3号线武汉商务区站的一排站台屏蔽门确实被连续撞得粉碎。对此，武汉地铁运营有限公司官方微博@武汉地铁运营，即武汉市地铁运营部门做出正式回应，还原了事情真相。

据悉，事情源于2020年8月2日凌晨轨道交通3号线桥隧维保施工设备侵限，造成武汉商务区站开往宏图大道方向站台门损坏。目前，武汉商务区站正常运营，不影响乘客乘降，3号线全线运营不受影响。官方还称，该侧站台门将在近期进行修复施工。现场已设置安全警戒线、隔离栏杆，列车进站时将提前减速，并通过人工引导及广播进行提示：请乘客注意安全，听从工作人员指引，在警戒线外有序排队，先下后上。

事故原因：施工方中铁隧道股份有限公司在作业完成后，工程车牵引着平板车途经事发地时，平板车上的机械臂弹开侵限，造成站台门不同程度损坏。此外，网上还传出一则武汉地铁运营有限公司工作联系函，送给武汉地铁桥隧管理有限公司，上面写着：贵公司委外单位中铁隧道股份有限公司按照《3号线第31周施工计划A类作业》对轨道交通3号线菱角湖至香港路上下行区间进行钢环片拼装作业。作业完成后，工程车牵引着平板车途经事发地时，平板车上的机械臂弹开侵限，造成站台门不同程度损坏。

三、环境的影响因素分析

对于环境因素，可从内部环境和外部环境分别进行分析。内部环境着重从作业环境（温度、湿度、照明、噪声和振动等）和内部社会环境进行分析，外部环境着重从自然环境（地理、气候、季节和自然灾害等）和外部社会环境（政治、经济、技术、社会治安、家庭、法律和管理等）进行分析。自然灾害如台风、水灾和地震等，都会对城市轨道交通运营安全构成极大威胁，防控不好还会遭到严重破坏。外部社会环境，如社会治安（制造恐怖事件、故意破坏等）、人们的法律意识（安全守则的遵守、设备的爱护和正确使用等），在很大程度上也对城市轨道交通运营安全产生影响。

四、管理的影响因素分析

一般而言，管理水平在一定程度上影响着系统的安全水平。管理是对人、设备、环境的综合控制和协调。如果管理存在缺陷，同样会导致事故的发生。按照社会可接受的安全水平，可将系统分为正常状态、近事故状态和事故状态。系统无论处于哪种状态，都可将系统状态的数据反馈给管理系统，管理系统便可通过管理改变系统行为，并产生不同程度的安全接受水平和系统状态。系统状态数据还可用于改进系统安全管理方法，从而得到更为安全的系统，由此可见管理的重要性。

总之，城市轨道交通运营安全水平取决于人员、设备、环境和管理的安全化水平，其中人是系统安全的核心，设备是系统安全的基础，环境是系统安全的外部条件，而管理是在一定技术经济和社会条件下系统安全的关键。

城市轨道交通运营安全的影响因素如图2-2所示。

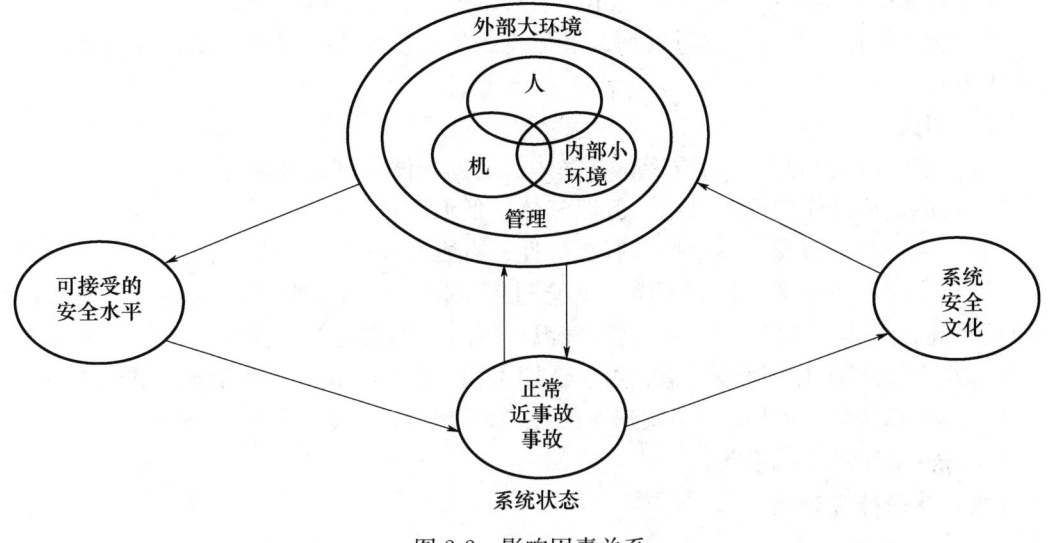

图2-2 影响因素关系

任务三　认识城市轨道交通危险源

一、危险源的含义

危险源是指可能造成人员伤害、职业病、财产损失、作业环境破坏或这些情况组合的根源或状态。

危险源识别是确认危险源的存在并确定其特性的过程，实质上是找出组织中存在的人的不安全行为、物的不安全状态、作业环境中存在的危害因素及管理缺陷。

城市轨道交通运营危险源可能造成人员伤害、职业病、财产损失、作业环境破坏、行车等各类事故或是其组合的根本原因或状态。

二、危险源的类别

危险源的主要类别，分为物理性危险源、化学性危险源、生物性危险源、心理、生理性危险源、行为性危险源、其他危险源6个方面。

（一）物理性危险源

（1）设施、设备缺陷（强度不够、刚度不够、稳定性差、密封不良、外露运动件等）。

（2）防护缺陷（无防护、防护装置和设施缺陷、防护不当、防护距离不够等）。

（3）电危害（带电部位裸露、漏电、雷电、静电、电火花等）。

(4) 噪声危害（机械性噪声、电磁性噪声、流体动力性噪声等）。

(5) 振动危害（机械性振动、电磁性振动、流体动力性振动等）。

(6) 电磁辐射（电离辐射：X射线、γ射线、α射线、β粒子、质子、中子、高能电子束等；非电离辐射；紫外线；激光、射频辐射、超高压电场等）。

(7) 运动物体危害（固体抛射物、液体飞溅物、反弹物、岩土滑动、气流卷动、冲击地压等）。

(8) 明火。

(9) 能造成灼伤的高温物质（高温气体、高温固体、高温液体等）。

(10) 能造成冻伤的低温物质（低温气体、低温固体、低温液体等）。

(11) 粉尘与气溶胶（不包括具有爆炸性、有毒性粉尘与气溶胶）。

(12) 作业环境不良（基础下沉、安全过道缺陷、有害光照、通风不良、缺氧、空气质量不高、给排水不良、气温过高、气温过低、自然灾害等）。

(13) 信号缺陷（无信号设施、信号选用不当、信号不清、信号有时不准等）。

(14) 标志缺陷（无标志、标志不清、标志不规范、标志位置缺陷等）。

(15) 其他物理性危险源。

（二）化学性危险源

(1) 易燃易爆性物质（易燃易爆气体、易燃易爆液体、易燃易爆固体、易燃易爆性粉尘与气溶胶等）。

(2) 自燃性物质。

(3) 有毒物质（有毒气体、有毒液体、有毒固体、有毒粉尘与气溶胶等）。

(4) 腐蚀性物质（腐蚀性气体、腐蚀性液体、腐蚀性固体等）。

(5) 其他化学性危险源。

（三）生物性危险源

(1) 致病微生物（细菌、病毒、其他致病微生物）。

(2) 传染病媒介物。

(3) 致害植物。

(4) 致害动物。

(5) 其他生物性危险源。

（四）心理、生理性危险源

(1) 负荷超限（体力、听力、视力负荷超限等）。

(2) 健康状况异常。

(3) 从事禁忌作业。

(4) 心理异常（情绪异常、冒险心理、过度紧张等）。

(5) 辨识功能缺陷（感知延迟、辨识错误、其他辨识功能缺陷等）。

(6) 其他心理性、生理性危险源。

（五）行为性危险源

(1) 指挥错误（指挥失误、违章指挥等）。

(2) 操作失误（误操作、违章作业等）。

(3) 监护失误。
(4) 其他错误。
(5) 其他行为性危险源。

三、危险源识别范围

危险源识别范围，包括城市轨道交通覆盖范围内工作区域及其他相关范围内的生产经营活动、人员、设施等。根据城市轨道交通及其他活动情况，可分成以下类别：

1）按地点划分：轨道交通沿线各车站、车辆段、OCC（控制中心）大楼、办公楼等。

2）按活动划分：常规活动、非常规活动、潜在的紧急情况。各活动包含的主要内容如下：

(1) 常规活动：运营服务活动（依据运营时刻表组织列车运营、客运服务过程）；设施、设备的设计、安装、调试、验收、接管、使用过程；公共活动（相关部门均有的活动，包含办公、电梯、叉车、消防设施等）；间接活动（为运营服务活动提供支持的活动，主要包括物资部门仓库管理、检验、物料采购等）。

(2) 非常规活动：设施、设备维护保养，消防及行车疏散演习、因公外出等。

(3) 潜在的紧急情况：如行车、火灾、爆炸、中毒、台风等。

四、事故类型

（一）一般危险源的事故类型

在进行危险源辨识前，必须把危险源的事故类型确定下来，以防止危险源识别不清晰、不全面。通过《企业职工伤亡事故分类》（GB 6441—1986）及分析城市轨道交通运营过程可能产生的行车事故（事件）、列车延误及财产损失等事故类别，确定了危险源事故类型：

①物体打击；②车辆伤害；③机械伤害；④起重伤害；⑤触电；⑥淹溺；⑦灼烫；⑧火灾；⑨高处坠落；⑩坍塌；⑪容器爆炸；⑫其他爆炸；⑬中毒和窒息；⑭其他伤害；⑮噪声聋；⑯尘肺；⑰视力受损；⑱其他职业病；⑲健康受损；⑳财产损失（2000元及以上）；㉑列车延误；㉒行车事件（事故）；㉓可能引发行车事件（事故）设备缺陷事件和行为事件；㉔其他事件（事故）。

（二）城市轨道交通运营主要的事故类型

(1) 行车事故。行车事故包括列车脱轨、列车倾覆、列车追尾、列车冲突、列车分离、列车挤岔、轮对卡死、车门未关闭、动车弓网故障、接触网失电、接触网断线、错开车门、列车冒进信号、错办列车进路、夹人夹物、动车列车客伤、道床伤亡等。

(2) 非行车事故。非行车事故包括乘客电扶梯受伤、乘客楼梯或地面跌倒、车站照明失电、车站大客流拥挤致人员伤亡。

(3) 火灾。火灾包括列车火灾、车站火灾、变电所火灾、检修基地火灾、控制中心火灾。

(4) 职业伤害。职业伤害包括工作中发生碰撞或撞击、自高处坠落或陷入坑洞缝隙、触电、跌倒（滑倒）、发生车辆伤害、夹伤、砸伤和冻伤，工作环境存在过量辐射、温度过高或过低、噪声超限和影响健康的情形。

（5）恐怖事件。恐怖事件包括劫持、爆炸、纵火、毒气。

（6）治安事件。治安事件包括蓄意破坏设施设备、打架斗殴、盗窃抢劫。

（7）其他影响运营服务质量的事件。该类事件包括列车因故暂停隧道区间、隧道新风量不够、车站乘客无法正常进出站或数据不上传、AFC系统全线设备不能正常使用、电梯关人、电梯不平层、乘客因客室通风或制冷效果不良投诉、车站卷帘门打不开。

五、城市轨道交通安全管理的对策

安全生产管理必须坚持"安全第一、预防为主"的方针，这既是城市轨道交通行业安全生产的指导思想，也是《中华人民共和国安全生产法》（以下简称《安全生产法》）中的规定。所谓"安全第一"，就是在城市轨道交通运营生产活动中，要把安全工作始终放在首中之首、重中之重的位置。具体来说，在日常的生产管理中，对生产的各个环节制定出的安全管理对策。

1. 加强对乘客和职工的安全教育和管理，牢固树立安全第一的思想

乘客的行为对城市轨道交通的运营安全有着很大的影响，乘客拥挤、违规携带危险物品进站乘车、抢上抢下、随意动用车站的紧急装置、跳入轨道或进入区间线路等，这些行为轻则干扰列车正常运营，重则可能导致设备损坏、人员伤亡。因此，要预防和减少因乘客的不当行为引起的突发事故，首先应加强对公众的安全乘车意识的宣传教育。为了规范和教育乘客养成良好的乘车行为，各城市轨道交通系统都制定了乘客乘车守则，出台了轨道交通运营管理办法，并以法令或法规的形式对乘客的违规乘车行为予以处罚。城市轨道交通运营单位也利用各种途径对乘客进行安全知识宣传，教育乘客正确使用车站各类相关设备设施，以及在紧急情况下的逃生自救知识。

城市轨道交通企业工作人员是确保城市轨道交通安全运营的核心力量。任何先进的设备，都离不开工作人员的操作或监控。纵观国内外城市轨道交通系统发生的各类事故，很多都与工作人员的失职有关。所以，要预防事故的发生，就必须加强对工作人员的职业道德教育、安全教育、法制教育和技术教育，工作人员要牢记"安全第一"的运营准则，任何时候都不能麻痹大意。

2. 建立健全安全法规，建立安全检查制度，做到安全生产有章可循、遵章执行

建立健全安全规章制度是抓好运营安全工作的保障，规章制度是管理工作的基础，建立科学、完善、全面的安全生产管理制度，使安全生产有章可循。狠抓安全规章制度的建设，用规章制度约束员工的工作行为，并为员工提供安全生产指引。在严格执行国家、省、市各项安全法律法规的同时，建立健全《安全生产管理办法》《安全生产奖惩办法》《行车组织规则》等制度和各类操作规程，使各环节、各专业的安全生产都有章可循，促进安全生产工作的规范化、制度化。

建立安全检查制度，加强监督管理，是抓好运营安全工作的关键。安全检查是对安全工作实施有效管理的一项重要内容，开展各种不同形式的安全检查，及时发现并纠正不安全行为，预防、控制人为事故的发生。在做好安全检查工作的同时，逐步建立安全隐患管理机制，将安全检查和隐患管理统一起来，并落实到工作制度中，形成健全的检

查网络,以实施有效的监控。

3. 建立安全培训制度,制订应急预案和建立应急救援体系,增强应急处置能力

事故和灾害时难以根本杜绝的,必须高度重视应急预案的制订和应急救援体系的建立。凡事预则立,不预则废。不同的突发事件,其应急处理方法不同。只有事先制订多套突发事件应急预案,增强突发事件的应急处理能力,才能把事故与灾害所造成的人员伤亡和财产损失降到最低程度。迅速的反应和正确的措施时处理紧急事故和灾害的关键。应急预案是对日常安全管理工作的必要补充,它的主要内容应该包括指挥系统组织构成、应急装备的设置(主要包括报警系统、救护设备、消防器材和通信器材等)和事故处理与恢复正常运行。

要确保轨道交通运营安全,除了加强对员工的安全思想教育、提高群体安全意识、健全各项规章制度、严肃劳动纪律和作业纪律、建立安全监督管理机构意外,还必须建立安全培训制度,对安全生产知识技能、操作规范及各项规章制度进行学习和培训,有效地提高干部职工的安全文化素质。要组织员工对各种预案进行学习,按计划进行事故应急处理模拟演练。通过演练,增强全员安全生产意识,逐步提高各有关专业和工种的应变能力、协同配合能力和对事故的综合救援能力,提高员工的业务技能,增强员工对事故的应急处理能力,进而达到锻炼员工队伍的目的。

4. 建立事故处理机制,落实责任追究制度

建立健全事故处理机制,按照事故原因不查清不放过、事故责任者得不到处理不放过、整改措施不落实不放过、事故教训不吸取不放过的"四不放过"原则及相关国家法律法规、企业内部制订的安全生产奖惩办法,对事故进行定因、定性、定责,严格惩处相关责任人。事故处理要以事实为依据,以有关法规、规章为准绳,认真调查分析,查明原因,分清责任,吸取教训,制定对策。通过教育和处罚,使有关人员吸取教训,提高认识,增强岗位意识、责任意识和法律意识;在各级领导和全体员工中牢固树立"安全第一"的思想,要始终保持一种危机感和忧患感。在日常管理中,要强化员工安全意识,严肃劳动纪律和作业纪律,教育员工自觉执行各项规章制度;做好员工技术培训,加强员工的日常技能演练和考核工作,不断提高员工的业务水平;加强安全检查,及时消除隐患,搞好设备维修保养,提高设备质量。各级人员都要转变观念,对发生的事故要由此及彼、由表及里,从领导层、管理层深层次剖析原因,透过现象看本质,研究制订有针对性的措施,解决安全工作中的实际问题,变被动管理为主动管理,变事后惩处为事前预防,不断提高事故分析处理能力和事故预防能力。

5. 开展安全文化建设与达标建设,夯实安全管理基础

大力开展安全文化建设与达标建设,夯实安全管理基础,是企业安全生产的重要保障。建设企业安全文化,用安全文化去塑造每一位员工,从内心认同企业安全文化价值观,激发员工"关注安全,关爱生命"的本能意识,树立"安全是企业最大的成本,安全是企业最大的效益,安全是企业发展的基石,安全是员工生命与健康的保障"的理念,把安全放在各项管理的第一位,使员工真正将安全理念记在心头、落实在行动上。夯实安全文化建设的思想基础,形成"人人讲安全、事事讲安全、时时讲安全"的氛围。开展丰富多样的企业安全文化活动,增强员工的安全责任和安全意识,使广大员工逐步实现从"要我安全"到"我要安全"的思想跨越,并通过切合实际的安全知识和安

全技能的培训进一步升华到"我会安全"的境界。建立各项安全标准，并对安全标准的达标情况进行监督、检查、考核，形成制度化，坚持预防为主，先期治理，确保防范措施到位。

通过强化安全文化建设和达标建设，夯实安全管理基础，营造浓厚的安全文化氛围，努力打造更高层次的安全文化，才能不断提高全员的安全文化素质，才能建立安全生产的长效机制，才能为企业发展提供坚实的安全保障，进而确保企业长治久安。

☞ 项目小结

城市轨道交通安全是指行车和客运不发生人身伤亡、火灾爆炸、设备设施故障等事故。

城市轨道交通安全管理的意义主要体现在：安全是城市轨道交通运营生产的头等大事；安全是实现效益的保证；安全管理在有轨交通行业受到普遍重视；安全是法律赋予城市轨道交通系统的义务和责任。

"安全第一，预防为主，综合治理"是我国城市轨道交通系统运营的安全管理方针。城市轨道交通系统安全管理途径主要有建立完善安全规程，做到安全生产有章可循；建立三级安全网络，落实安全生产责任制；建立安全检查制度，预防运营事故发生；建立安全培训制度，营造安全文化氛围；建立应急救援体系，增强应急处置能力；建立事故处理机制，落实责任追究制度；建立警地联动机制，共保城市轨道交通一方平安。

项目三　城市轨道交通安全技术

☞ **知识目标**

1. 了解列车车门、应急供电等设备的有关安全技术要求；
2. 掌握车站站台门、紧急停车按钮等应急设施设备的安全技术要求；
3. 了解烟烙尽气体自动灭火系统等消防的安全技术设置要求；
4. 掌握城市轨道交通环境控制系统的安全设置要求。

☞ **能力目标**

1. 能够在突发故障中对列车车门故障进行处置；
2. 能够对车站站台门进行故障应急处置；
3. 在火灾发生时能够正确操作消防设施。

☞ **思政目标**

1. 培养学生具备较强的安全意识，能够在工作中做到防微杜渐；
2. 培养学生岗位责任意识，有较强的职业责任感；
3. 培养学生危机意识，能够发挥应急处理能力。

【项目导入】

乘客误动车门紧急解锁装置导致列车紧急制动

2013年3月，一名10岁左右的小男孩在乘坐某地铁列车时，站在椅子上打开了紧急解锁装置的防护罩，并转动手柄，使车门打开不到10mm的缝隙，列车失去牵引力，在尚未进站的情况下紧急制动，晚点3min。驾驶员收到紧急解锁手柄被解锁的信息后，立刻前往该车厢，使用钥匙对该紧急解锁装置进行复位，确认车门关闭良好，列车恢复运行。

列车在区间隧道故障利用紧急疏散门疏散乘客

2011年8月，因大雨造成某市地铁隧道道床隆起，导致列车抬升并出现故障，接触网损坏断电，使列车被迫停于隧道中。两节车厢连接处冒起火花，由于接触网损坏断电，车厢里一片漆黑，几十秒后应急供电启动，可电压不稳，乘客感到不适。

地铁驾驶员迅速赶来，说明情况，请乘客放心。因紧急供电维持时间短，需要抓紧时间疏散乘客。驾驶员指导所有乘客往后面车厢转移，然后驾驶员去往车厢尾部驾驶室，打开紧急疏散门，放好应急梯，然后使用钥匙打开列车尾部驾驶室通道门，指引乘客经过驾驶室通道门、紧急疏散门安全有序地下车，向车站方向撤离。驾驶员一直站在车门口，扶着每一位乘客下车，地铁工作人员在隧道内给乘客带路，提醒隧道行走的注意事项。

任务一 列车安全技术

现代城市轨道交通列车的驾驶室和客室内均配有一定的安全应急设施，以备紧急情况发生时使用。当列车在运营过程中遇到异常情况时，可以充分利用列车上配备的安全设施来维持列车安全运行或使乘客安全撤离，以便最大限度地保证人身安全和行车安全。常见列车安全应急设施重要包括各类车门打开装置、应急供电、灭火器和安全锤等。

一、列车车门安全

列车车门是乘客上、下车的通道，车门的数量、净开度和高度都决定了乘客乘降的速度，直接影响车站的作业效率。由于列车车门数量众多，运转频繁，故障率相对较高，给城市轨道交通安全运营带来很大影响。

列车车门不能正常开启或关闭时，会延误列车运行及乘客出行，进而影响乘客情绪，给城市轨道交通运营企业造成负面影响。列车开错车门或开门运行，有造成乘客掉落轨道的危险。遇危险情况车门不能及时打开，乘客不能快速疏散，将会造成难以估计的后果。因此，列车车门的安全性对乘客安全意义重大，直接决定了乘客安全与行车安全。在城市轨道交通列车上有4种车门：驾驶室侧门、驾驶室通道门、紧急疏散门以及客室侧门，且分别担负着不同的任务。

世界各国轨道交通车辆的车门结构和类型多种多样，但根据城市轨道交通的特点，车门应满足以下设计要求：

（1）具有足够的数量和有效宽度。
（2）车门要均匀分布，方便乘客上、下车。
（3）车门附近有足够的空间。
（4）具有较高的工作可靠性，以确保乘客的安全。

（一）驾驶室侧门

驾驶室侧门仅供驾驶员进出驾驶室使用，与客室侧门在结构和功能上有所不同。驾驶室侧门从驾驶室内、外都能使用钥匙打开和锁定。驾驶室侧门未关好时，列车不能牵引。驾驶室侧门两侧应设有扶手和防滑脚蹬，方便驾驶员从轨道旁直接进入驾驶室。驾驶室侧门上安装有玻璃窗户并能打开，便于驾驶员探出头观察车外情况，如图3-1所示。

图 3-1　驾驶室侧门

（二）驾驶室通道门

列车驾驶室与客室之间设有连通门，其净开宽度不小于550mm，高度不低于1800mm。通常设有观察孔，有些会安装玻璃窗，一般使用机械锁进行锁闭，防止乘客未经允许进入驾驶室。

驾驶员在驾驶室操作按钮开关，可以打开驾驶端驾驶室通道门，也可以打开另一端的驾驶室通道门。驾驶室通道门在客室可以使用钥匙打开，也可以使用紧急手柄打开。紧急手柄在正常情况下不准使用，应标注警示通告。采用紧急方式打开驾驶室通道门时，驾驶室控制台会报警并显示有关信息，如图 3-2 所示。

图 3-2　驾驶室通道门

（三）紧急疏散门

根据有关规定，在未设安全通道的线路上运行的列车两端应设紧急疏散门。当列车因故不能继续运行，需要疏散乘客，而客室侧门又不具备下车条件时，就可以启用紧急疏散，作为人员撤离通道，保证列车具有在特殊情况下紧急疏散乘客的能力。

紧急疏散门的安装位置通常有两种：一种安装在驾驶室正、副驾驶台中间的前端墙上；另有一种安装在驾驶室驾驶台一侧的前端墙上。门扇的开启方式也有两种：一种是向车外一侧开启；还有一种是向车外顶部开启。

紧急疏散门的形式较多，主要有坡道式和踏梯式两种，而坡道式紧急疏散门又分为结合式和分开式两种。

（1）结合式紧急疏散门。结合式紧急疏散门是指门扇和疏散通道结合成一体，即门扇兼做疏散通道。只能采用坡道式，由门扇向车外轨道方向展开形成斜坡面担当疏散通道。打开方式为拉开解锁手柄，向车外推出门扇，门扇自动向轨道方向倒下形成坡道，再翻转下部踏板。用时约为 30s。缺点为质量大、成本高、结构复杂、门扇上无法安装玻璃视窗，故驾驶室视野较差；优点为操作时间短、疏散能力强，如图 3-3 所示。

（2）分开式紧急疏散门。分开式紧急

图 3-3　结合式紧急疏散门

疏散门的门扇和疏散通道是相互独立的两部分,疏散通道有坡道式和踏梯式两种,如图3-4所示。

图3-4 分开式紧急疏散门(左为坡道式,右为踏梯式)

坡道或踏梯折叠后,放在门扇后面的规定位置,并加防护罩保持驾驶室美观。门扇上安装有玻璃视窗,扩大了驾驶室的视野。坡道式紧急疏散门的缺点是质量大、成本高、结构复杂;优点是操作时间短,乘客可以跑步下车,疏散速度快,全车乘客在30min左右可疏散完毕。踏梯式紧急疏散门的优缺点与坡道式正好相反,其质量小、成本低、结构简单、操作时间长、疏散能力弱。

需要打开时,移开坡道或踏梯的防护罩,先打开门扇,再放下疏散通道。打开向上开启的门扇时,先拉开门扇解锁手柄,将门扇向外推出,空气弹簧会自行继续推动门扇直至完全开启的位置并固定。放下疏散通道时,先打开坡道或踏梯的锁闭机构,向外推出坡道或手动打开折叠梯。打开紧急疏散门的全部操作,坡道式大约需要20s,踏梯式大约需要60s。

(3) 紧急疏散门的安全要求。

① 紧急疏散门应有锁闭装置。对于分开式的紧急疏散门,门扇和疏散通道应分别安装锁闭装置,防止在列车运行过程中由于紧急制动等原因自行打开。

② 疏散通道的坡度应适当,以保证旅客方便与安全,长度应满足安全到达轨道和安全到达救援列车的要求。

③ 疏散通道的走行表面应进行防滑处理。

④ 疏散通道荷载强度应能承受最大实际人数而无永久变形。

⑤ 疏散通道两侧应提供扶手,以便适合各个年龄段的人员在紧急情况下安全通行。

⑥ 驾驶室控制台应能显示紧急疏散门的开启或关闭状态。

⑦ 紧急疏散门要求结构简单、安全可靠、易于操作,开门所需的力要小,即使是一名女性,也能完成全部操作。

⑧ 紧急疏散门平时不得随意开启。

⑨ 紧急疏散门应标注操作步骤,内容简单明了,通常不超过3步,非专业人员无须进行针对性训练,也能保证在紧急情况下快速打开。

【知识链接】

疏散平台介绍

2012年，很多人看到郑州市轨道交通1号线地铁列车下线图片后，发现该列车未设紧急疏散门，一时间感觉逃生无门，颇为担忧。郑州市轨道交通有限公司回应列车未设紧急疏散门，是因为区间隧道内都铺设了疏散平台。

疏散平台在我国的许多城市都开始使用，如成都市、杭州市和广州市等地。疏散平台一般安装在区间隧道侧壁上，也有的安装在高架区间内。相对于紧急疏散门，区间安装疏散平台，遇紧急情况，乘客可开启多个车门下车，沿疏散平台撤离到就近车站，疏散能力更强。遇乘客隧道中因意外情况慌乱，自行开门逃生时，疏散平台也能有效防止乘客进入接触轨供电的轨道，避免触电，更为安全可靠，也加快了疏散速度。

然而疏散平台提高了工程造价，增加了施工难度，也带来了后期的维修养护问题，并且由于受联络通道、道岔区的影响，疏散平台无法连续设置如图3-5所示。

图3-5 疏散平台

（四）客室侧门

为适应客流量大、停站时间短的需要，客室侧门应分布均匀，数量充足，净开度大。每节车厢每侧有4个~5个门。客室侧门的净开度不小于1300mm，高度不低于1800mm。

客室侧门的开闭指令只能来自运行驾驶室（紧急开门指令除外），可以由驾驶员手动控制，也可由ATC自动控制。列车运行时，车门被锁闭；只有当列车速度为0时，驾驶员才能从驾驶室打开车门；车门没有关好就锁闭，列车不能启动。开关车门指令应按单侧控制，禁止打开非站台侧车门（同侧按钮只能操纵同侧车门。内外具有指示灯，打开时亮，关闭时灭，移动时闪烁）。

单个客室侧门应具有系统隔离功能，在发生故障时能与门控系统切除。正常关门时遇到障碍物，车门可重新打开再次关闭。当重复数次而障碍物仍未排除时，由驾驶员手动操作对该门进行单独开关门控制。使用关门按钮后，车门仍未关闭，则切除该车门。驾驶室控制台可以显示每扇车门的开关、切除以及紧急解锁等状态。

车门紧急解锁装置功能如下：

（1）内部车门紧急解锁装置。每辆车安装多个，标注操作说明及警示通告。不上锁，可加盖易于撤除的防护罩。该装置可由乘客按说明手动操作，也可由驾驶员使用钥匙操作，如图3-6、图3-7所示。

（2）外部车门紧急解锁装置。通常每辆车每一侧有一个该装置，需要使用钥匙操作，可在紧急情况下开门疏散乘客，也可供乘务员和维修人员开门使用。

（3）乘客使用车门紧急解锁装置后的处理。驾驶员了解客室状况，安抚乘客，向行车调度员报告，并做出相应处理。根据具体情况，由车站或驾驶员对车门复位。

图3-6　拉闸式紧急解锁手柄

图3-7　旋钮式紧急解锁手柄

二、列车广播安全

城市轨道交通系统是一个封闭式的运转链，与信号设备共同完成系统运转指挥调度的还包括通信设备。除此之外，通信设备还是城市轨道交通系统内部公务业务联系的主要通道，是系统内外联系的通道。因此，通信设备是构成轨道交通系统各个子系统之间紧密联系，实现统一指挥，运行自动化，提高系统运行效率的重要组成部分。

城市轨道交通的广播系统主要作用：①对乘客的广播，在正常运行情况下，对乘客进行导向服务，如报告列车进站离站信息，报告相关安全事项，传播服务信息，或播放音乐等；在运行发现意外情况时，起到安抚、疏导乘客的作用。对乘客的广播播音范围限于站厅和站台。②对工作人员的广播，及时通告信息，组织较大范围的协同工作等，其播音范围包括办公区、隧道内或高架线路区间、站厅、站台、车辆基地等。

一般情况下，控制中心与驾驶员之间的通信是双向的，调度员向驾驶员发布有关命令和口头指示，驾驶员向调度员汇报列车有关情况。车载无线电台具有与列车有限广播设备的接口，驾驶员可以操纵相关按钮，使控制中心需要播放的信息从车载无线电台送入列车有限广播设备，实现控制中心对客室的直接广播。控制中心也可以对一列车或其管辖范围内的所有列车的客室直接广播。

驾驶室向客室的自动广播，该广播是单向的。遇自动广播故障或发生特殊情况时，列车驾驶员对客室进行单向的人工广播。两列车重联运行时，由受控驾驶室对两列车的客室进行广播。列车首尾驾驶室之间能够内部通话，即使只有蓄电池供电，驾驶室之间也能保持通信。当两列车重联运行或两列车救援连挂时，4个驾驶室之间能够互相通话。

紧急情况下，客室乘客可通过紧急通话装置与司机进行通话。每个客室内设置若干个紧急通话装置，驾驶员和乘客之间能够相互通话。紧急通话装置的按钮一旦被按下，立即向驾驶员报警，驾驶室具备立即识别报警车辆的功能，如图3-8所示。

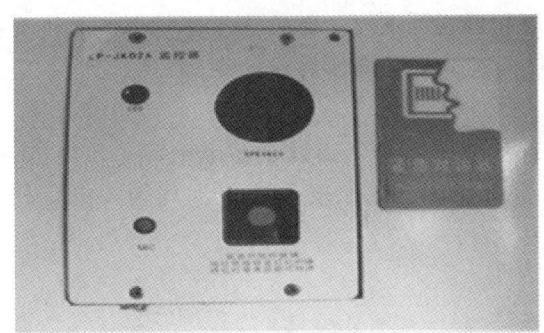

图3-8 列车客室紧急通话装置

三、列车应急供电

城市轨道交通供电系统不仅为城市轨道电动列车提供牵引用电，而且为城市轨道交通运营服务的其他设施提供电能。其具有运输能力大，牵引性能好，运用效率高，不污染环境等特点，但对系统技术要求高，因此，其可靠性和安全性尤为重要，一旦出故障，不仅造成轨道交通的瘫痪，而且危机乘客生命、财产安全。

根据功能不同，供电系统主要包括以下部分：外部电源、主变电所（电源开闭所）、牵引供电系统、动力照明配电系统、电力监控（SCADA）系统。其中牵引供电系统，又分为牵引变电所和牵引网系统；动力照明配电系统，又可分为降压变电所与动力照明（最主要的两个部分）。

在地铁供电系统中，牵引供电系统由于直接给列车提供动力，该系统好坏直接影响整个地铁供电系统质量的高低。其工作原理就是将电能直接或者经过输送、变换后提供给列车组的牵引电动机，由牵引电动机将电能转化成机械能，从而驱动车辆运行。属于一级负荷。

向列车供电的方式主要有3种：①DC750V接触轨（即第三轨）供电；②DC1500V接触轨供电；③DC1500V架空接触网供电。

高压供电用于牵引列车，中压供电用于正常用电，低压供电来自蓄电池，应急用。

列车蓄电池应急供电的功能有两个：①列车启动时用于激活列车；②整列车无外部高压电输入时，提供应急供电。为保证库存列车停放较长时间后仍能正常启动，对于拔掉驾驶员主控器钥匙并且停放60h的列车，蓄电池仍有足够的容量来满足连接系统的正常工作。因故障导致整列车失去外部高压供电时，蓄电池开始应急供电，此时列车不能继续运行。蓄电池提供的应急供电在地下线路不低于45min，在地面与高架线路不低于30min。这么长时间的应急供电仅可满足部分低压负载使用，这些低压负载包括客室应急照明、列车头灯和尾灯、驾驶室照明、客室与驾驶室应急通风、列车有线广播和无线通信、车载安全设备以及所有客室侧门的一次开关。

以地铁列车为例，说明以下应急供电程序。在故障情况下，整列车缺少外部高压电输入后，列车不能继续运行，空调制冷或加热功能丧失，空调应急通风启动，客室正常照明灯熄灭，驾驶室照明灯、客室应急照明灯、广播与无线通信、列车头灯与尾灯保持不变。蓄电池供电45min后，应急通风切断。继续供电不少于5min后，应急照明灯切断。

列车正常运行时，客室应急照明灯和普通照明灯一起处于工作状态。为了在应急供电时获得尽可能均匀的照明，应急照明灯应均匀分布于客室。在每对门之间，应至少设置一组应急照明灯，以保证乘客安全。

目前，有部分新型列车不专门设置应急照明灯，当处于蓄电池应急供电的情况时，客室内所有照明灯的照度降低，与应急灯相比，其照度分布更加均匀，更有利于乘客安全。

四、列车其他安全技术设施

列车应具有良好的防火性能，所用材料均应具有高阻燃性，燃烧后不散发有毒气体，并配备数量和容量足够的灭火器具，如图3-9所示。

列车上各类设备的电气绝缘性能良好、水密性良好，耐腐蚀、耐冲击，并有防霉、防虫及防啮齿类小动物的措施。

客室地板应耐磨防滑，座椅布置应考虑列车载客量及方便乘客流动，立柱和扶手数量足够并便于抓握，强度应能承受乘客拥挤。客室内应配备紧急解锁装置、紧急通话、灭火器具、安全锤等，如图3-10所示。

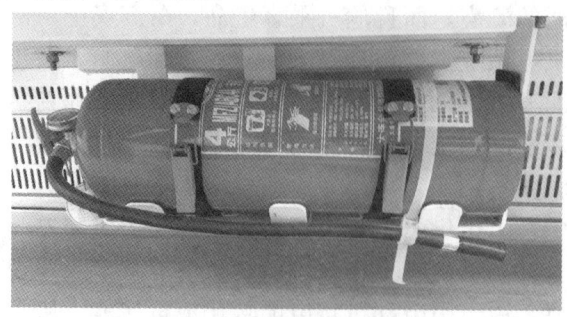

图3-9 列车客室灭火器

项目三　城市轨道交通安全技术

图 3-10　列车客室安全锤

驾驶室内应设置紧急停车操纵装置、警报按钮和鸣笛装置等安全设施，能够显示客室侧门开闭状态与车载信号状态等，车窗视野应保证驾驶员方便、清楚地瞭望前方线路、信号、接触网和站台。驾驶室外部前端应设置头灯和尾灯，以满足列车在夜间及隧道内行车的瞭望条件，并防止续行列车追尾。驾驶室还应配备便携式应急灯、无线手持电台和急救箱等。

头灯（前照灯）目的是照亮轨道，方便驾驶员瞭望线路，并确定列车运行方向，具有足够照明强度的红色尾灯起防护作用，提醒续行列车注意。在列车救援中，尾灯也能提示救援地点。提供足够的可视距离的每个头灯、尾灯，采用单独供电的方式进行照明。

客室内涉及乘客安全的标志可采用安全标志和警示语两种方式，位置适当，易于辨识，持久耐用，内容通俗易懂。

任务二　车站安全技术

【案例引入】

地铁电梯倒转事故

2011 年 7 月 5 日 9 时 36 分，北京地铁四号线动物园站 A 口，因自动扶梯零件损坏，正在上行的电梯突然倒转为下行，导致正在搭乘电梯的乘客纷纷摔倒并发生踩踏事故。事故造成 1 人死亡，2 人重伤，26 人轻伤。

地铁乘客夹在屏蔽门与列车之间的死亡事故

2007 年 7 月 15 日 15 时 34 分，某地铁站轨道交通一号线，列车与屏蔽门已经发出声光报警，列车即将启动。一名男子强行上车，由于未能挤进拥挤的车厢，被夹在屏蔽门与列车之间。列车正常启动后，这门男子不幸被挤落轨道身亡。

地铁运营商提醒乘客：列车门内有紧急开门装置，列车内乘客可以打开车门，帮助受困乘客进入列车；屏蔽门内侧也有紧急开门拉手，受困乘客也可自行打开屏蔽门返回站台。

由此引发讨论：列车门先关乘客被夹在这个空间的可能性很大；屏蔽门先关，乘客挤不上列车，被夹的危险性仍然很大；相对来说，同步开关的危险程度要小。

一、站台门安全技术

地铁是由车站和隧道连接成的系统，当列车高速运行在隧道内时，车辆会在隧道内产生活塞效应，活塞效应生成的风称为活塞风。活塞风一方面可以改善站内空气的流通，但另一方面也会降低乘客候车的安全性与舒适性。

由此，轨道交通系统引入了隔离的概念。人们想到利用隔离物把轨行区与站台隔离开来，因此，站台门系统开始逐步得到应用。

站台门整体结构应有一定的强度、刚度和抗疲劳强度，应满足全年365d运行、每天连续运行20h、每90s开关一次的运行强度。站台门应进行防漏电和绝缘处理，并采用安全玻璃。

站台门具有障碍物探测功能，滑动门能够探测到最小厚度为5mm、最小宽度为40mm的刚性障碍物。

滑动门在关闭过程中探测到障碍物，立即停止关闭并重新打开到预先设定的宽度，延迟一定时间（在0～10s内可调节）后重新关闭。如果障碍清除，门关闭并锁紧。如果障碍物依然存在，关闭（重开）连续循环若干次（在1次～5次内可调节）。如果障碍物仍然不能清除，滑动门打开到最大宽度并保持不动，同时发出声光报警。由站台工作人员人工清除障碍物后，手动关闭并锁紧滑动门。

站台门与列车之间防夹人、夹物装置，即目前站台门与站台边缘之间使用的安全防护装置主要有以下4种。

（1）站台门轨道侧下缘安装楔形挡板。在站台门下缘轨道一侧安装楔形挡板，可以有效消除站台门和列车之间的间隙。楔形挡板成本低，不会干扰信号，没有特殊环境要求，但是楔形挡板较低，身材瘦小的乘客仍有可能被夹在这个空间。

（2）站台门端门处安装软光管。在站台门端门处轨道一侧安装软光管，当列车在车站停车时，列车尾部的软光管点亮。列车发车前，驾驶员通过确认软光管的灯光没有被遮挡，即可认定站台门与列车之间没有夹人、夹物，这时才准许启动列车。软光管成本低，易于实现，但是驾驶员一旦疏忽大意，未按标准确认软光管灯光，仍有发生危险的可能性。另外，软光管只适用于直线站台，如图3-11所示。

（3）红外线探测装置。红外线探测装置平时处于休眠状态，列车进站停车开门，乘客上下完毕后站台门关闭，探测装置发射端立即自动发射红外线进行扫描，如果站台门与列车之间夹人、夹物，光幕被障碍物阻断，红外线接收端无法接收到完整信号，就会发出声光报警提醒驾驶员注意。但是，红外线有一定的发散角，受列车振动、隧道尘埃、列车灯光、站台灯光、列车车体反射光和站台门玻璃反射光等干扰，红外线探测装置存在误报警、漏报警的可能性。

（4）激光探测装置。激光探测装置由光源发射器、光束接收器和报警装置组成。当车站无车或站台门关闭时，处于待机状态。列车进站停车，开门待乘客上下完毕，激光探测装置检测到站台门关闭并锁紧信号后，立即供电进入工作状态。如果站台门和列车之间夹人、夹物，光源发射器与光束接收器之间的光束受到阻断，发出声光报警提醒驾驶员，障碍物清除后延迟一定的时间自动断电，退出工作状态，直至下一列车进站。激光发散角小，光束集中，波长单一，抗干扰能力强，可靠性好。

图 3-11　站台端门处软光管

二、车站紧急停车按钮

（一）紧急停车按钮的作用

遇到人或物坠落轨道、侵入界限以及夹人、夹物开车等紧急情况，列车继续运行可能危及行车或人身安全而列车驾驶员不能及时发现时，站务人员或乘客可以按压紧急停车按钮，使列车紧急停车。

紧急停车按钮被按压后，站台附近的轨道电路区段为有效范围，使进入限速区段的列车紧急制动。岛式站台的有效停车范围为按压侧站台的一条线路；侧式站台的为两侧站台间的两条线路；双岛式站台内侧的为中间两条线路，外侧为被按压侧的一条线路。

紧急停车按钮被触发后，相对应站台的出站信号机及所有通向该站台进路始端信号机不能开放，如果已经开放，将立即关闭。

紧急停车由信号设备集中站控制室恢复，如所在站不是信号设备集中站，由所属控制站恢复。紧急停车恢复后，相应管辖范围的紧急停车限制被解除，列车恢复运行。

（二）紧急停车按钮的操作

站台和车站控制室分别安装紧急停车按钮，站台紧急停车按钮设有玻璃防护罩。需要紧急停车时，侧式站台可以按压任意紧急停车按钮；岛式站台必须按需停车的线路，选择相应侧的紧急停车按钮，如图 3-12 所示。

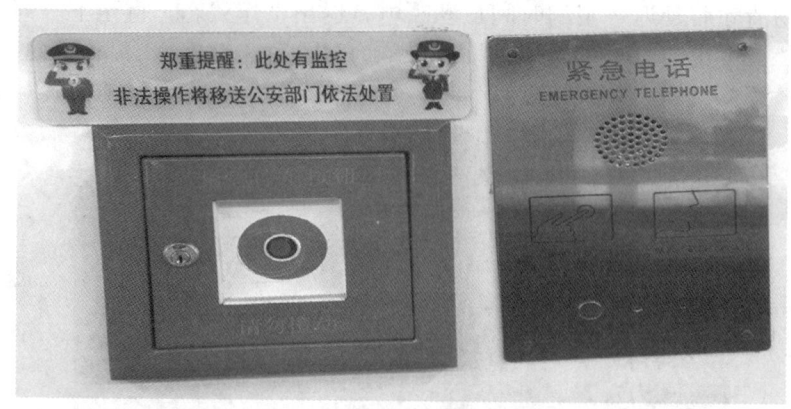

图 3-12 站台紧急停车按钮

（1）站台紧急停车按钮操作：遇紧急情况时，站务员或乘客砸碎紧急停车按钮玻璃罩，按下红色按钮，使列车紧急停车。站务员报告车站值班员，前往现场处理。车站值班员了解现场情况，组织采取有效措施，报告行车调度员。确认线路出清、行车条件恢复，报告行车调度员，解除紧急停车。

（2）车站控制室紧急停车按钮操作：车站值班员通过闭路监控系统（CCTV）发现紧急情况，或接到紧急通知后，按下车站控制室紧急停车按钮的红色按钮，了解现场情况，组织站台人员采取有效措施，并报告行车调度员。确认线路出清，恢复行车条件后，报告行车调度员，解除紧急停车。

三、车站应急照明

城市轨道交通工作场所照明种类可分为正常照明、应急照明、值班照明和过渡照明等几类。

正常照明是指在正常情况下使用的室内外照明，又可细分为公共区节电照明、工作照明以及设备房工作照明，变电所电缆夹层和站台板下安全照明、广告照明、标志照明等。值班照明是指非工作时间为值班设置的照明，过渡照明是指为减少建筑物内部构筑物与外界过大的亮度差而设置的、亮度可逐次变化的照明。

应急照明是指因正常照明的电源失效而启用的照明，包括疏散照明、备用照明。正常情况下由交流电源供电。当交流电失效时，自动转换为蓄电池供电；交流电源恢复后，又自动转换为交流电源供电。应急照明持续供电时间不小于60min，由正常照明转换为应急照明的切换时间不大于5s。

备用照明用于确保正常活动继续进行，车站控制室、站长室、消防泵房和变配电房等应急指挥和应急设备应用场所的备用照明照度不小于正常照明照度的50%，其他工作场所的备用照明照度不小于正常照明照度的10%。

疏散照明用于帮助乘客在火灾初期的浓烟中辨认方向，沿着灯光顺利疏散，由出口标志灯、指向标志灯和疏散照明灯组成。出口标志灯设于站台出口、站厅出口、车站出口、设备房及其他通向外界的应急出口处的上方。指向标志灯设于站台、站厅、自动扶梯、楼梯口、疏散通道间隔不大于20m处、疏散通道转弯处或交叉口、安全出口。疏散照明灯设于站台、站厅、自动扶梯、楼梯口、疏散通道、安全出口、房间通道、风道以及区间隧道等处。

四、车站安全标志及警示语

车站安全标志由图形、箭头、文字和色彩组成,使用中文、英文两种文字,主要起指示引导和安全提醒的作用。标志位置要便于乘客看到,标志内容要易于理解,不得遮挡,发现破损要及时更换。

指示引导类的标志包括导向标志、定位标志和信息服务等。导向标志一般带有箭头符号,指引乘客完成进站、购票、检票、候车、乘车、换乘以及出站的全过程。定位标志的作用是标明服务场所的地点,如出入口、问讯处、售票口、补票口、自动售票机、卫生间、公共电话、商店、设备用房等。服务信息采用图示、表格和文字等方式,涂刷、张贴在建筑物上。

(一) 车站安全标志

城市轨道交通车站属于人群聚集的公共场所,使用的安全标志应符合有关规定。安全提醒标志包括通用安全标志和文字警示语两类,目的是提醒乘客注意潜在危险,及早采取预防措施,避免人身伤害和财产损失。安全标志是用以表达特定安全信息的标志,由图形符号、安全色、几何形状(边框)或文字构成,应坚固耐用、图形清楚,采用规定颜色,设于明亮醒目的固定地点,不得有妨碍认读的障碍物,并有足够的时间来注意它表示的内容。

安全色是传递安全信息含义的颜色,包括红、蓝、黄、绿4种颜色。红色传递禁止、停止、危险或提示消防设备、设施的信息;蓝色传递必须遵守规定的指令性信息;黄色传递注意、警告的信息;绿色传递安全的提示性信息。对比色是使安全色更加醒目的反衬色,包括黑、白两种颜色。黑色用于安全标志的文字、图形符号和警告标志的几何边框;白色用于安全标志中红、蓝、绿的背景色,也可用于安全标志的文字和图形符号。安全色与对比色同时使用时,应按规定搭配使用,红色、蓝色、绿色与白色搭配使用,黄色与黑色搭配使用。

安全标志分为禁止标志、警告标志、指令标志和提示标志,如图3-13所示。

(1)车站常用禁止标志　　(2)车站常用警告标志

(3)车站常用指令标志

图3-13　车站常用安全标志

（二）车站警示语

车站警示语以提醒人们注意安全为目的，应文明庄重，醒目易懂，言简意赅。

五、车站应急救援备品

（一）客运应急备品

用于客流组织：铁马、隔离栏杆、隔离带、预制车票、临时售票亭、临时告示牌、临时导向标志、手提广播、对讲机、手持应急灯及其充电器、防滑垫、钢卷尺和相机。

用于客运服务：借用雨伞、针线包和医药箱等。

（二）救援抢险备品

人身安全防护用品：防寒服、安全帽、荧光衣、纱手套、口罩、绝缘手套、绝缘鞋、安全带、雨衣、雨鞋、防毒面具和空气呼吸器等。

行车安全备品：手信号旗（灯）、红闪灯、口笛、钩锁器、手摇把、臂章、调度命令、路票、无线手持电台及其充电器、下轨梯、高压绝缘杆、拾物钳和各类专用钥匙等。

防洪除雪抢险器材：水泵、铁镐、铁锹、挡水板、扳手、草垫、沙袋、扫帚、编织袋、麻袋片、铲子、桶、融雪盐、融雪剂、防冻液、道岔清雪器和道岔苫布等。

人员救治用品：急救箱、担架、湿毛巾和存尸袋等。

任务三　消防与环控系统

【案例引入】

"10·14"四惠站线路管理用房起火事件

2012年10月14日17时23分左右，四惠车站夜班代理值班站长李××在巡视车站中发现四惠东厅南通道内线路公司房间有烟冒出，立即通知行车值班员和值班站长。行车值班员谢×、孙××在17时25分左右到达现场，用锤子将房间门砸开，由于室内烟太大，无法进入，值班员尹××、保安员苟×从通道另一窗户到达该房间朝东的窗户外，砸开窗户，使用灭火器向屋内喷射。四惠站区副站区长张×于17时29分赶赴现场，参与指挥灭火，同时站区长李××向生产调度报告房间冒烟事故。值班员于17时33分左右向行调汇报。乘客报火警，17时35分左右消防队赶到现场，出动了4辆救火车，使用车站消火栓经过了大概10min的水灭，将火扑灭。随后消防局和派出所对相关现场进行隔离保护。

经现场观察，室内无易燃易爆危险品，空调室内机插头未与墙壁插座相连，线无烧蚀。房间北墙东侧边缘距地面约1m处，有1根电线自室外穿墙接入，沿着墙角敷设，此线已烧蚀。

城市轨道交通车站空间狭小，人员密集，其中地下地面隔离，一旦发生火灾，烟雾不易排出，到处浓烟滚滚，难以辨认方向，疏散困难；大型消防车辆及装备难以靠近火灾现场，大大增加了灭火难度。因此，城市轨道交通更需要重视消防工作，加强自身消防系统的建设和完善。城市轨道交通的消防系统包括火灾自动报警系统、消火栓系统、自动灭火系统和灭火器。

一、火灾自动报警系统

火灾自动报警信息系统，又称"城市消防远程监控系统"，是对联网用户的火灾报警信息、建筑消防设施运行状态信息、消防安全管理信息进行接收、处理和管理，向城市消防通信指挥中心或其他接处警中心发送经确认的火灾报警信息，为公安消防部门提供查询，并为联网用户提供信息服务的系统。

火灾探测器是火灾自动报警系统（FAS）中最基本、最重要的设备之一，通过不断捕捉火灾发生时冒烟、生热和发光等特征，检测出火灾信息，向火灾自动报警系统（FAS）报警。常见火灾探测器有感烟探测器、感温探测器、感光探测器和可燃气体探测器，适用于不同的环境和场所。

火灾自动报警系统（FAS）有自动和手动两种触发方式，设置消防联动控制设备。实现下列控制及显示功能：启停消防水泵，启停自动灭火系统并发出声光报警，关闭常开防火门，关闭防火卷帘，启停防烟和排烟风机，开启车站屏蔽门和自动检票闸机，显示报警位置，显示保护对象的重点部位、疏散通道及消防设备所在位置的平面图或模拟图等，显示系统供电电源的工作状态，火灾警报与应急广播，切断有关部位的非消防电源，接通应急照明灯和疏散标志灯，控制电梯全部停于首层并接收其反馈信号等。

二、气体自动灭火系统

（一）气体自动灭火系统简介

气体灭火系统具有自动报警和自动消防的功能，用于车站控制室、信号设备室、变电所、通信设备室、环控电控室和屏蔽门控制室等电气设备房。气体自动灭火系统采用全淹没灭火方式，要求防护区的空间密闭。

防护区的门必须能从防护区内打开，向疏散方向开启，并能自行关闭。防护区的疏散通道和出口设置应急照明和疏散指示标志，能保证人员在30s内疏散完毕。

防护区应设置机械排风装置，供灭火后的防护区通风换气，排风口应设在防护区下部并直通室外，地面车站或高架车站也可以依靠窗户自然通风。灭火剂喷放指示灯应保持到防护区通风换气后，以手动方式解除如图 3-14～图 3-16 所示。

图 3-14　车站气体防护区

图 3-15 气体防护区放气指示灯

图 3-16 气体防护区安全告示

(二) 烟烙尽气体自动灭火系统介绍

气体灭火系统具有灭火快、用量省、久储不变质、不导电、对设备损害小等特点。常见的灭火剂有二氧化碳、七氟丙烷、气溶胶、烟烙尽（IG541）等。

烟烙尽（IG541）气体由52%的氮气、40%氩气和8%的二氧化碳组成，其优点为3种惰性气体自然存在于大气中，灭火后其有效成分回归自然，对臭氧层没有任何破坏，非常绿色环保；其设计浓度为37%～43%，在该浓度内短暂停留，不会对人体造成影响；灭火中不产生任何分解物，不会腐蚀设备；喷放时没有浓雾，不会使人的视野不清。

气体自动灭火系统由机械部分和电控部分组成，机械部分指用来储存、输送气体灭火剂的管网系统，电控部分指用于自动报警和喷放灭火剂的报警控制系统。管网系统由钢瓶、启动阀、气体输送管网和喷头等组成。钢瓶用来储存气体灭火剂，启动阀用于释放钢瓶中的气体，输送管网强度要能承受高压气体。

报警控制系统包括中央控制单元、火灾探测器、声光报警设备和辅助开关设备等。中央控制单元收到火灾探测器传来的信号后,进行逻辑判断,发出声光报警,并根据报警条件启动相应设备动作。火灾探测器主要采用灵敏度级别高的感温探测器和感烟探测器,通过感受防护区内的温度变化和空气颗粒变化来收集火灾信息。辅助开关设备主要包括手动(自动)转换开关、紧急止喷按钮、手拉启动器,手动(自动)转换开关实现气体灭火系统在自动控制和手动控制之间切换,紧急止喷按钮用于火灾误报时在30s的延时阶段紧急停止系统启动,手拉启动器用于设备不能自动喷放时手动启动系统。

(三)气体灭火系统灭火流程

1. 自动控制流程

(1)将手动(自动)转换开关置于自动位。

(2)防护区内的一个火灾探测器感应到火灾信号时:①车站控制室的FAS发出报警。②防护区火灾预报警。③车站控制室在FAS上查明火警地点,派人赶赴现场确认。④如属误报,消除报警,将系统复位。

(3)同一防护区内两个火灾探测器感应到火灾信号时:①车站控制室的FAS发出报警。②防护区火灾报警。③气体灭火系统进入30s延时启动状态。④需要进入防护区查看或者确认设备误报时,在30s内按下防护区的紧急止喷按钮,紧急停止灭火系统启动。⑤确认发生火灾,现场人员在30s内撤离,并关闭好门窗。⑥30s延时结束,灭火系统启动,烟烙尽气体喷入防护区。⑦通风系统的防火阀自动关闭。⑧灭火期间,防护区的声光报警持续工作,灭火剂喷放指示灯点亮,也可以人工消除报警。⑨确认火灾熄灭后,将系统复位。⑩操纵机械装置对防护区排气,未设机械排风装置的地面车站或高架车站打开门窗通风换气。

2. 手动控制流程

(1)当设备故障无法自动喷放气体、属于有人值守的防护区、值班人员先于火灾探测器发现火情时,将手动(自动)转换开关置于手动位,使系统处于手动控制状态。

(2)现场确实发生火灾,确认防护区内无人后,关闭门窗,使防护区处于封闭状态。按下防护区的手拉启动器,系统立即启动,不再延时,烟烙尽气体直接喷入防护区灭火。

(3)关闭防护区通风系统的防火阀。

3. 机械应急操作流程

(1)当自动控制和手动控制失效,系统不能发出灭火指令时,通过机械应急操作启动气体灭火系统。

(2)派人到气瓶间通过机械装置直接启动瓶头启动阀,人工启动气体灭火系统,钢瓶内被释放的烟烙尽气体迅速喷入防护区进行灭火。

(3)关闭防护区通风系统的防火阀。

三、消火栓灭火系统

消火栓灭火系统分为室外消火栓系统和室内消火栓系统。车站出入口及风亭口设置室外消火栓,车站和隧道区间设置室内消火栓,地面区间和高架区间一般不设消火栓系统。

消火栓系统由消防给水系统和消火栓等组成。地下车站可采用直接接入市政给水管网的方式满足消防用水,地面及高架车站通过消防泵增压来满足消防用水需求。车站消火栓通常包括消火栓箱内的水带、水枪、消火栓阀门、消防软管卷盘、消火栓按钮等及箱外的消防电话插孔、手动报警按钮等,如图 3-17、图 3-18 所示。

图 3-17　消火栓阀门及消防电话

图 3-18　地铁车站消火栓外观

(一)消防软管卷盘灭火流程

①遇微小火灾时,两人互相配合,使用消防软管卷盘自行灭火。②打开消火栓箱,将卷盘转 90°,拉出软管。③一人拖着软管奔向着火地点,到达目的地后打开软管上的水枪阀门,将水枪对准火源。④通知守候在消火栓箱边的另一人准备就绪,另一人打开卷盘控制阀门供水。⑤灭火过程中,两人保持联系,确认出水流量和压力。⑥如果水压不足,守在消火栓箱边的人按下消火栓按钮,启动消防泵,提高水压。⑦灭火完毕,关闭卷盘控制阀门,排净软管余水。⑧将软管绕在卷盘上,关闭消火栓箱。⑨通知有关人员检修。

(二)水带灭火流程

①发现火灾时,迅速打开消火栓箱,紧急时可击碎玻璃门。②取出水带,两手托住,用力向着火点方向抛出铺开。③把水带一端的接头与消火栓接头对接,顺时针转动直至卡紧。④把水带另一端的接头与水枪连接,拖着水带,奔向着火地点。⑤到灭火地点站稳,胳膊夹紧水带,双手紧握水枪对准火源。⑥另一人守候在消火栓箱边,确认灭

火人员已准备就绪，缓缓打开消火栓阀门，完全打开后立即前往着火地点协助灭火。⑦观察水枪出水流量及压力，发现压力不足，马上按下消防栓按钮，启动消防泵，增加水压。⑧灭火完毕后，关闭消火栓箱及水泵启动阀门。⑨将水带冲洗干净，置于阴凉干燥处晾干，按原水带安置方式放回原处。

四、灭火器

灭火器是一种适用于扑灭初起火灾的消防器材，轻便灵活、操作简便，非专业人员稍加训练也能掌握使用方法。

使用单位应根据配置场所火灾种类、危险等级、灭火效能和通用性、对保护物品的污损、环境温度等条件选配类型、规格、形式适用的灭火器。

同一配置场所应选配类型和操作方法相同的灭火器，存在不同火灾种类时，应选用通用型灭火器，通常选择干粉灭火器。灭火器种类较多，按移动方式分为手提式灭火器和推车式灭火器；按所充装的灭火剂分为清水、干粉、泡沫、卤代烷和二氧化碳灭火器。城市轨道交通车站主要使用手提式干粉和手提式二氧化碳灭火器。

车站主要使用干粉灭火器和二氧化碳灭火器。

（一）干粉灭火器的使用方法

①一手握压把，一手托着灭火器底部从存放处将其取下。②将灭火器上下摇动数次，防止灭火器内灭火剂凝固，影响灭火效果。③提着灭火器奔向着火地点。④到达距离燃烧物2m～3m处，拔出压把上的保险销。⑤一手用力按下压把，另一手紧握喷嘴，对准燃烧物火焰根部左右扫射，尽量将干粉均匀喷射在燃烧物上，直至将火扑灭。

（二）二氧化碳灭火器的使用方法

①握住压把，提着灭火器奔向着火地点。②到达距离燃烧物2m～3m处，站在上风位置，拔出压把上的保险销。③一手用力按下压把，另一手紧握喇叭筒端部，对准燃烧物火焰根部左右喷射，尽量使喷射物均匀喷射在燃烧物上，并不断向前推进，直至将火扑灭。

五、环境控制系统（BAS）

环境控制系统主要针对地下线路，相对于地面和高架线路，地下线路深埋于地下，空气环境与地面有较大差异。

环境控制系统（环控系统）控制空气温度、空气湿度、空气质量、气流速度、气流组织和噪声等环境因素，为乘客和工作人员营造安全、舒适的候车和工作环境，并满足设备正常运转的需要。

（一）环控系统的功能

城市轨道交通的地下线路除出入口和风井、排风口等通风道口与外界连通外，基本与大气隔绝。列车运行、设备运转和人体等会散发大量的热，地下环境潮湿，人群大量呼出二氧化碳，都会使空气变得污浊不堪，使人难以忍受。仅依靠自然通风不能达到改善空气环境的目的，必须通过环控系统的机械和电气手段处理空气。

环控系统应具备3个方面的功能：①正常情况下，对空气进行降温、除湿、通风、滤尘和杀菌;②列车阻塞在区间隧道时,保证阻塞处有效通风;③区间或站内发生火灾时,进行排烟与通风。

(二) 正常工况下的环控系统

环境控制系统分为通风系统(含活塞通风)和空调系统两种方式,应优先采用通风系统(含活塞通风)。环境控制系统主要由隧道通风系统、车站站厅和站台通风与空调系统、车站设备和管理用房通风与空调系统组成。其中车站站厅和站台通风与空调系统也称环控大系统,车站设备和管理用房通风与空调系统也称环控小系统。

1. 地下隧道区间通风系统

地下隧道采用活塞通风。当活塞通风不能满足排除余热要求或布置活塞风道有困难时,设置机械通风系统。当隧道温度过高时,必须对隧道冷却通风。

隧道夏季的最高温度标准:列车不设置空调时,不得超过33℃;列车设置空调、车站不设置屏蔽门时,不得超过35℃;列车设置空调、车站设置屏蔽门时,不得超过40℃。

活塞通风不能满足要求的情况主要有3种:活塞效应产生的换气量有限,不能满足排除余热的要求;受周边环境限制,活塞风道无法修建;由于风亭出口位置的关系,活塞风道过长,活塞效应失效。

2. 车站站厅和站台通风与空调系统

地下车站通常同时设置通风和空调两种系统,共用一套风管系统。地面车站和高架车站一般采用自然通风,必要时站厅可设置机械通风系统或空调系统。不论哪种系统运行,车站温度不应超过30℃。

3. 车站设备及管理用房通风与空调系统

地下车站的各类用房应根据其使用要求设置机械通风系统。对卫生标准较高或生产条件有限制的用房,当通风系统不能满足其要求时,可设置空调系统。

4. 车站采暖

地下车站及区间隧道可不设采暖系统。地下车站的设备和管理用房有特殊要求时,可以进行局部采暖。地面车站和高架车站是否设置采暖系统,取决于最冷月份室外平均温度。

(三) 事故工况下的环控系统

1. 列车阻塞在区间隧道的通风

由于非火灾原因的故障,造成列车停在区间隧道,不能继续运行,称为列车阻塞在区间隧道。

由于没有了活塞风,列车空调停止运转,列车和乘客散热,呼出二氧化碳,氧气含量急剧下降,必须进行有效的机械通风,即开启隧道两端车站的事故冷却风机,一端车站向隧道送风,另一端车站从隧道向外排风。

2. 区间隧道发生火灾的通风排烟

区间隧道发生火灾有两种情况:①列车着火;②隧道设施着火。

当列车在区间隧道发生火灾时,应尽量运行至前方站。若被迫在区间隧道停车时,就需要隧道疏散乘客;若是隧道设施起火,驾驶员看情况,前行或退回,除非牵引供电中断,列车被迫停于区间就需疏散。

采用推拉式排烟,一端车站送风,另一端车站排烟。需要进行区间疏散时,迎着多数乘客疏散方向送风,背着多数乘客疏散方向排烟。不需要疏散乘客时,排烟方向根据现场情况决定,如图 3-19 所示。

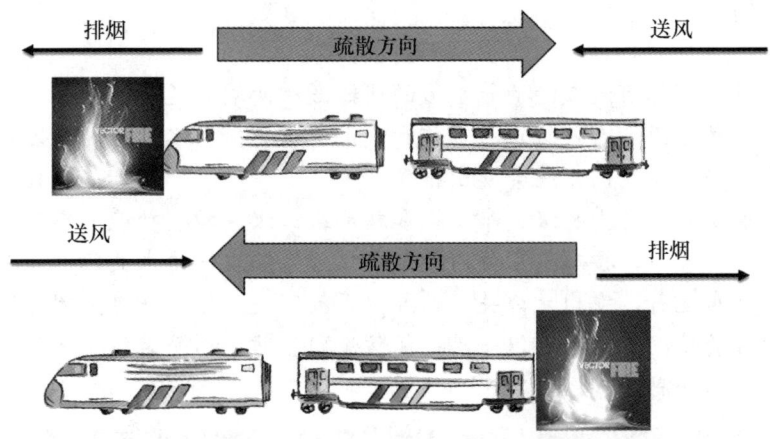

图 3-19　区间隧道火灾环控系统模式

3. 车站发生火灾的通风排烟

站厅发生火灾时,将环境控制系统设为站厅火灾模式进行排烟,形成站台送风、站厅排风的气流,如图 3-20 所示。

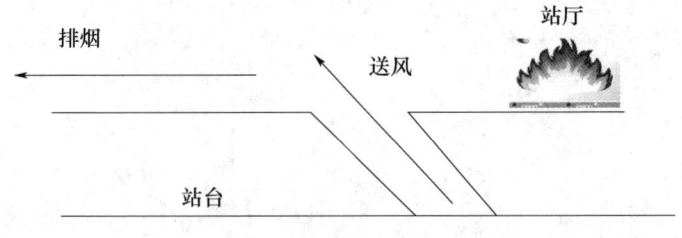

图 3-20　站厅火灾环控系统模式

站台发生火灾时,启动站台火灾模式进行排烟,形成站厅送风、站台排风的气流,如图 3-21 所示。

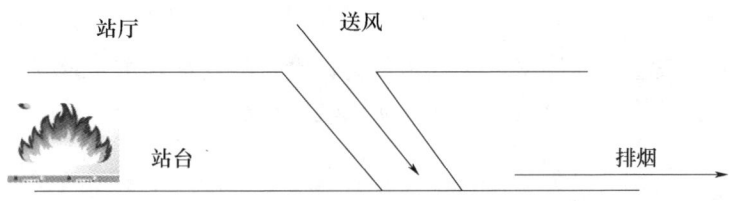

图 3-21　站台火灾环控系统模式

设备和管理用房发生火灾时,要区分不同情况进行处理。

地下区间隧道的通风系统以及地下车站通风和空调系统采用中央控制、车站控制和就地控制的三级控制,地下车站设备及管理用房通风与空调系统采用车站控制、就地控制的两级控制。中央控制设于控制中心，对全线环境系统进行监控，使全线的环境系统协调运行。车站控制设于车站控制室，对本站及其管辖区间的环境系统进行监控，用于单独、迅速地处理车站的特殊情况。就地控制就是在各环境系统的电源控制柜处操作控制按钮，用于检修和调试，具有优先权。

【知识拓展】

防淹门介绍

防淹门设置于穿越河流或湖泊等水域的地铁隧道两端的适当位置，一旦发生洪水涌进等意外，关闭防淹门可有效防止人员伤亡和设备损失。当水位超过设定值或水位上升速度超过设定值时，防淹门系统会发出报警。

防淹门的监视功能有中央级、车站级和就地级三级，控制功能有车站级、就地级两级。接到防淹门报警后，按压请求关门按钮向信号系统发送请求关门的信号，信号系统确认区间没有列车运行，发出允许关门信号，再按下关门按钮即可关闭防淹门。

在没有电源的情况下，也可以手动关闭防淹门。防淹门平时极少使用，主要有升降式和平开式防淹门两种，如图3-22所示。

图 3-22　隧道防淹门

☞项目小结

城市轨道交通安全影响因素之一就是设备，设备的安全是车站及列车正常运营的关键，所以掌握基本的设备安全技术是保证城市轨道交通运营安全的重中之重。

项目四　城市轨道交通行车安全管理

☞ **知识目标**

1. 了解列车运行安全的有关事项及要求；
2. 了解行车调度的安全须知；
3. 了解调车作业安全及车站作业安全；
4. 掌握行车事故的救援措施手段等。

☞ **能力目标**

1. 能够对列车进行安全检查，能够在行车过程中对列车进行安全操作；
2. 能够识别调度命令的时间和地点，并按照调度命令进行相关操作；
3. 能够按照相关岗位进行正确的车站作业；
4. 能够按照岗位正确执行行车事故救援措施。

☞ **思政目标**

1. 培养学生具备较强的安全意识，能够在工作中做到防微杜渐；
2. 培养学生岗位责任意识，有较强的职业责任感；
3. 培养学生危机意识，能够发挥应急处理能力。

【项目导入】

"1·18" 1号线列车救援

2013年1月18日10时50分，北京地铁1号线司机杨×、副司机柳×驾驶G446号车在万寿路站，进行正常作业后列车不启动。司机检查各开关位置、保险无异常，短接SK1闸刀进行牵引试验无效，到尾车更换操纵台进行试验，列车能够缓解但仍然全列牵引无流。10时55分，行车调度员发布列车清人救援命令；11时02分，救援列车连挂完毕；11时05分，从万寿路站开出。

经调查分析，事故发生直接原因：①331d号线在布线时因电缆绑扎不到位且预留电缆线较长，线缆在司机台内处于自由状态，列车运行中不断摆动并与周边金属部件接触，造成线缆绝缘外皮破损，致使导线与金属部件间拉弧并将线缆烧断。②车辆制造在过程中，由于厂家接线未按照规定的工艺标准对线缆进行绑扎，错误采用临时布线的方式连接331d号线。

间接原因：①检修工艺落实不到位。事故的发生，充分说明古城检修中心领导班子，在检修工艺落实管理中存在漏洞，对职工思想和技术业务教育不足，致使多个修程均未发现车辆存在的故障隐患，最终导致列车在运营中发生故障并实施救援。②职工责任心较差，岗位意识淡薄。古城检修中心在年修、月修、周检及车辆隐患排查过程中，均未发现该部位线缆绑扎不到位及预留线缆过长的问题。充分说明古城检修中心职工自身岗位责任意识淡薄,在维修工作中不认真、隐患排查不力,不能主动发现车辆存在的故障隐患。③加强检修标准化的落实。此次事故的发生从一个侧面反映出检修中心标准化管理工作存在死角,职工在作业中对车辆接线未能按照规定工艺要求进行绑扎,中心质量检验工作也未严格按规定流程检查,致使车辆带故障隐患上线运行。

整改措施:①进一步提高各检修中心的职工岗位责任意识。②要求各检修中心立即对车辆重点部位进行普查,认真查找可能造成车辆重大故障的隐患,确保车辆质量稳定。③各检修中心、乘务中心,要认真总结事故中暴露出的问题,再次梳理工作中存在的漏洞,进一步完善职工作业流程、工具码放、行车备品管理等环节的标准化规章。④各乘务中心继续加强对乘务员的故障处理培训,提高乘务员对车辆基本性能的了解,切实提高乘务员应急故障处理的实际操纵能力,减少车辆故障对运营线的影响。

想一想:从此次事故分析中,可以总结出什么。

行车工作是城市轨道交通运营系统的主要工作,也是最容易产生不安全因素的工作环节,城市轨道交通运营过程中所出现的大部分不安全现象大多发生在行车工作中。因此,行车安全是城市轨道交通运营安全的核心部分。

行车安全工作主要包括列车运行安全、行车调度安全、车站作业安全和调车作业安全。

任务一　列车驾驶安全

列车运行安全是城市轨道交通运营的基本要求,是衡量管理水平和工作质量的重要标准。列车驾驶安全是整个城市轨道交通行车安全工作的关键环节之一,是把好行车安全的最后一道关口。影响列车驾驶安全的主要因素有行车纪律松弛、制度执行不严;司机疲劳行车、带情绪开车、业务素质不高,安全意识不强;行车技术、设备不完善;风、雪、雷、电等恶劣气候及环境的影响;安全管理及制度、规章的适用性存在缺陷等。有效控制列车驾驶不安全因素,是保障行车安全的重要工作。

一、列车驾驶不安全因素的控制

从安全运行管理的角度分析,行车事故是各种不安全因素相互作用的结果。因此,对行车不安全因素的控制是行车安全的重要环节。而对列车驾驶不安全因素的控制是行车安全的关键。具体控制方法如下所述。

(一)加强对司机的违章行为的管理与控制

许多行车事故案例表明,人的不安全行为是造成行车不安全及行车事故的直接原因。因此,采取教育培训、考核、惩戒等方法,可使列车司机对安全行车采取正确的态度。

(二)不断做好对列车司机的技术业务培训

列车司机的技术知识不足,特别是安全行车知识、经验的缺乏是造成行车不安全及行车事故的重要原因。因此,加强安全行车知识和业务技术知识的学习,可使司机在技术和经验上得到提高,从而成为合格的操纵者。

(三) 强化和改善对行车设备的管理

许多行车事故的发生都留下了行车设备技术状态不良的痕迹,因此,应不断进行相关行车设备的技术改造,使行车设备功能符合运营要求。

(四) 提高列车司机适应环境变化与处置突发事件的应变能力

由于运行环境的变化和行车中产生的突发事件难以预测,因而提高列车司机在发生意外事件时的应变能力是防止与减少行车事故的重要因素。列车司机应在不断学习的基础上,以各类预案和规定为依据,开展定期和不定期的讲解、演练、培训,以提高他们的应变能力。

二、列车安全驾驶的基本规定

(一) 驾驶列车时做到"三严格"

列车司机必须牢记"安全第一"的宗旨,驾驶列车时做到"三严格":①严格遵守各种规章制度,正确执行各种作业程序,确保列车运行安全;②严格按照运营时刻表及信号显示行车,工作时严守岗位,不得擅自离岗;③严格遵守动车前认真确认"行车三要素"(进路、信号、道岔)。

(二) 列车司机必须掌握设备、设施情况

城市轨道交通列车司机必须掌握列车(车辆)的基本构造、性能,熟悉城市轨道交通线路和站场等基本设施情况,包括必须明确驾驶区段、站场线路纵断面等情况。

(三) 列车司机必须掌握其他相关的业务知识并具有一定的应变能力

在列车的运行过程中,一般情况下只有列车司机一个人值乘,而运行中的突发事件存在不可预测性。在事件的初期往往只有司机能够最早发现,所以一名职业素质较好的列车司机应该而且必须掌握有关事件初期的处理方法,使事件能够在初期阶段得到控制和处置,减小损失,稳定现场局面。

(四) 列车司机必须持证上岗

鉴于列车司机在整个运行过程中的重要作用,城市轨道交通管理部门规定列车司机上岗值乘的必要条件:一方面,必须经过考试合格,并取得列车驾驶证方准独立驾驶列车;另一方面,脱离驾驶岗位6个月以上,如需再驾驶列车必须对业务知识和安全运行知识等进行再培训,考核合格,并且对其纪律性、身体状况和心理状况由相关管理部门及有关领导做出鉴定,方准上岗。

三、列车驾驶作业安全准则

列车司机的操作应在正常情况下确保"准确",在非正常情况下确保"安全",所有操作均动作紧凑,快速正确。列车驾驶作业包括站台作业、整备作业、折返作业、调车作业等,具体的作业安全准则有以下内容。

(一）列车运行安全准则

列车司机在运行时必须严格按运营时刻表动车，动车前必须确认行车凭证。列车退行或推进运行时，运行前端必须有人引导；班前注意休息，班中集中精力，保持不间断瞭望。列车司机严禁在列车运行中打盹、看书或做与工作无关的事；接受调度命令或行车指示时，必须认真逐句复诵并领会命令内容。

（二）站台作业安全准则

列车司机在开关屏蔽门、车门时，必须严格执行开关门作业程序；列车到站停稳后，应先确认列车停在规定的范围内；跨出站台开关屏蔽门、车门时，应注意列车与站台间的空隙，避免摔伤；关屏蔽门、车门前应先确认车载信号或进路防护信号开放或者具有行车凭证；动车前，应确认屏蔽门、车门关好，同时确认屏蔽门与车门间空隙无人无物，方可进驾驶室。

（三）整备作业安全准则

列车司机在整备作业前必须了解列车停放位置及列车状态；检查列车走行部时，必须确认列车已降下受电弓；严禁跨越地沟，进行车底检查时戴好安全帽，应注意空间位置，避免碰伤；受电弓升起后，严禁触摸电气带电部分、进行地沟检查及攀登车顶；检查列车时必须佩戴检查灯、一字旋具，并严格按照要求整备列车，列车没有经过整备，严禁动车；车库内动车前，必须确认地沟无人和两侧无侵限物后方可动车。

（四）折返作业安全准则

列车司机在折返作业时必须严格遵守交接班制度；关门前必须确认行车凭证、道岔、进路正确；动车前确认所有人员均在安全区域内。

（五）调车作业安全准则

列车司机在调车作业时应遵守的安全准则包括：设置铁鞋防溜时，不拿出铁鞋不动车；凭自身动力动车时，没有制动不动车；机车、车辆制动没有缓解不动车；调车作业目的不清不动车；调车作业没有联控不动车；没有信号或信号不清不动车；道岔开通不正确不动车；侵限、侵物不动车。

（六）人身安全准则

列车司机还应遵守以下有关人身安全的准则：升受电弓前，必须确认所有人员均在安全区域内；严禁擅自带领无关人员进入驾驶室，因工作需要有人登乘驾驶室时必须确认其相关准乘证件；在正线或出入厂线，禁止未经行车调度同意擅自进入线路。

四、列车保护装置及驾驶模式

（一）保护装置

列车自动保护装置（ATP）功能：保障列车运行的安全。ATP 子系统是整个列车自动控制系统（ATC）系统的基础。列车自动运行系统（ATO）和自动监控系统（ATS）都依托 ATP 子系统的工作。ATP 的运行方式：在正常情况下，列车是以一定的间隔时间与间隔距离追踪运行的。ATP 子系统采用自动闭塞方式运行，也就是将轨道线路划分成若干个小区间，称为闭塞分区。每个闭塞分区都装有轨道电路，轨道电路内有列车检测信号的发送和接收装置，以及机车信号的发送装置。ATP的工作原理：自动检测列车实际运行位置，自动确定列车最大安全运行速度，连续不间断地实行速度监督，实现超速防护，自动监测列车运行间隔，以保证实现规定地行车间隔。

列车自动运行系统（ATO）作用：代替司机来自动驾驶，包括平滑加速、调速和车站程序定点停车。ATO辅助ATP工作，接受来自ATP的信息，其中有ATP速度指令、列车实际速度和列车走行距离。此外，ATO从ATS子系统和地面标志线圈接受到列车运行等级等信息。ATO的工作原理：根据以上信息，ATO通过牵引（制动）线控制列车，使其维持在一个参考速度上运行；并在设有屏蔽门地站台准确停车。

自动监控系统（ATS）作用：主要是通过计算机来组织和控制行车的一套完整的行车指挥系统。ATS的工作原理：ATS将现场的行车信息及时传输到行车指挥中心，中心将行车信息综合后，适时无误地向现场下达行车指令，以保证准确、快速、安全、可靠。ATS的控制方式有集中控制，集中、分散控制，分散自治控制。早期采用集中控制方式；目前主要采用集中监视、分散控制的方式。ATS的故障处理：发生故障可转化为人工控制；中心发生故障，转化为车站控制；车站发生故障不会影响中心系统的工作。有道岔车站设ATS分系统，负责本站和邻站的接发车作业，并接发和储存指挥中心的列车运行计划。

（二）驾驶模式

ATO是列车正线运行的正常驾驶模式，由系统执行速度调节、车站停车、列车折返、安全防护、车门控制等功能组成，驾驶员负责监控。本模式是在列车司机监视下的自动驾驶模式，在线列车的启动、加速、巡航、惰行、制动、精确停车均由ATO子系统根据ATS指令自动控制（CBTC模式下），除发车需要列车司机确认外，不需司机操作，列车的车门和地下站屏蔽门（高架站安全门）控制，可自动控制也可手动控制。

在ATPM下，驾驶员人工控制列车运行所有操作，ATP提供超速防护、折返行驶和门控防护等。列车的监控、运行、制动及开关车门和地下站屏蔽门（高架站安全门）在车载ATP设备监督下由列车司机操作。ATP子系统保证列车的运行安全，列车司机根据DMI及DTI显示的辅助驾驶信息，人工驾驶列车，ATP对列车的运行进行完全地自动防护。所有必要的驾驶信息将在车载信号显示器上显示。

RM是一种受列车超速防护系统（ATP）监督的人工驾驶模式，ATP提供的固定限速值为25km/h。限制向前人工驾驶模式（RMF），列车以不超过25km/h的速度运行。列车的监控、运行、制动及开关车门由列车司机操作，车载设备对列车速度进行25km/h的超速防护，以及对列车完整性、车门状态、列车倒溜等进行监督。在正常运营模式下仅用于列车进行定位前、初始化后或列车在车辆基地/停车场运行。对于降级模式，当列车故障时，可以此驾驶模式将其撤出正线运营；或当列车因故障停车后，以此驾驶模式行驶至下一站。限制向后人工驾驶模式（RMR），列车允许以低于5km/h的速度反向运行最多10m（暂定）。当退行达到10m或退行速度超过5km/h时，ATP会触发紧急制动，须由车辆缓解紧急制动。RMR模式可在列车错过精确停车位置若干米（不超过最大可退行距离）后，后退以纠正列车停车位置（经调度员授权）。

在NRM模式下，ATP不提供任何防护，列车运行完全由驾驶员负责。列车司机用ATC切除选择开关切除ATC。此旁路开关阻断了ATC紧急制动输出以及其他阻止列车运行的输出。列车完全由人工驾驶，车载设备不控制列车运行，司机根据调度命令和地面信号的显示驾驶列车。列车运行的安全由联锁设备、调度人员、司机共同保证。非限制模式完全由人工来保证安全，需要司机具有很高的职业素质。在这种运行模式下，列车司机工作强度比较大，发车密度低，一般采用站间闭塞方式行车，实践运行也不常用。

列车驾驶模式为ATO或PM时，凭车载信号的显示运行；列车驾驶模式为RM或NRM时，凭地面信号的显示运行。

五、列车出段安全

（一）安全检查

在列车出库前，驾驶员必须按规定程序进行严格检查和测试，以确保列车技术状态良好。若发现有危及行车安全故障时，禁止投入运营。

（1）车外检查：车体外部和贯通道表面、列车标志、部件及设施、制动系统及空气弹簧；贯通道有无裂纹、踏板、保险锁等。

（2）列车准备：唤醒列车、高压供电、制动系统、门控系统、客室空调。

（3）车内检查：①驾驶室：照明、控制器、通信、仪表驾驶室门及通道门，灭火器；②客室：照明、内部设施、客室侧门、灭火器、车门紧急解锁装置，紧急通话装置。

（4）全面测试：牵引系统、制动系统、通信系统。

（二）出段运行

（1）ATS确认的计划列车：①启动前：调车信号，车库大门，平交道口；②无码区：控制速度，加强瞭望，调车信号，道岔位置，侵入限界；③转换轨处：停车，行车调度员使其进入系统，自动接收，通信测试，核对车次号，确认防护信号继续运行，按速度码或地面信号进站。

（2）运营时间内非计划列车：利用运营间隙运行，人工设置，人工排列进路；按速度码或地面信号进站。

六、列车站台作业安全

（一）车门故障

1. 个别车门不能打开

列车到站后，发现个别车门不能打开，驾驶员重复按压开门按钮，尝试重新开门，如果仍然不能打开，报告行调（车次、车辆编号和故障状态），行调指示车站协助处理，引导乘客从正常门乘降。

站务员携带手持检测设备，前往故障门检查处理。首先检查是否被切除，如果切除则通知司机复位；如果没有被切除，故障仍然存在则将该门切除，张贴标志。

如果少量车门故障，继续运营；如果车门多个故障则维持运行至终点站后清客，退出运营，回车辆段检修。

2. 全列车门不能打开

列车到站后，发现全列车门不能打开，驾驶员重复按压开门按钮，尝试重新开门，如果仍然不能打开，通过广播安抚乘客，报告行调，行调通知驾驶员排除故障并规定允许时间；驾驶员检查相应开关按钮位置、作用。

不能开门，则到车辆后端驾驶室尝试，不能排除故障则报告，按行调指示通知清客。

手动开门：①站务员协助驾驶员使用钥匙启动每辆车外外墙的车门紧急解锁装置，手动推开车门，通过每辆车的一扇车门清客，可以使清客井然有序，但是延误时间较长；②驾驶员通过广播指导，乘客自行打开客室内部紧急解锁装置，可以实现快速清客，但是容易造成混乱。确认无滞留乘客，手动关闭所有车门，并将紧急解锁装置复位。

根据行调指示，至终点站，退出运营，入车辆段检修。空车运行，为防止引起站台候车乘客误解，关闭客室照明。

3. 个别车门不能关闭

驾驶员重新关门，安抚乘客，报告行调车次、车辆编号、故障状态。处理：如切除复位；检查门扇状态，如胶条变形抚直，如有异物清除。如果仍然故障，切除，手动关门，张贴标志，少量故障继续运营，多个故障终点退出运营；若手动无法关闭，报告行调。

手动无法关闭，间隙较小：挂栅栏，张贴标志，监护车门，终点退出运营。手动无法关闭，如果间隙较大，就地清客，关闭客室照明，空车运行，终点退出运营。

4. 全列列车门不能关闭

驾驶员重新关门，安抚乘客，报告行调，后端尝试，按行调指示通知清客。处理：确认无滞留乘客，手动关门，空车运行，终点退出运营。

（二）列车未对准停车标停车的处理

1. 列车进站未对准停车标停车仍可动车

（1）尚未到达停车标：确认前方无异状，继续运行，停在规定范围，报告行调。

（2）越过停车标：①越过站台较少：退回，办理乘客乘降，报告行调；②越过站台较多：非末班车在非终点站，可退回，可至前方站（行调应通知前方站）；③末班车或终点站：退回。

（3）车站处理：报告行调，广播安抚，维持秩序，协助驾驶员，监视列车，根据情况人工打开屏蔽门。

2. 列车进站未对准停车标停车无法动车

（1）处理：报告行调，了解情况，扣停列车，发布受阻信息，实施清客，列车救援，广播安抚，退票，清客完检查。

（2）开门：①全部在站台范围：打开全部列车门，手动打开与列车门对应屏蔽门；②部分在站台范围：单独打开站台范围内车门，手动打开与列车门对应屏蔽门；③全部不在站台范围：救援到车站清客。

七、列车冒进信号的处理

列车冒进信号或越过警冲标是指：①列车前端任何一部分越过固定信号显示的停车

信号；②停车列车越过到达线末端计算该线有效长度的警冲标或轧上线路脱轨器（指起接发列车隔开作用的脱轨器）。

1. 列车冒进信号未压上道岔时的处理

确认具体情况，报告行调，行调指示列车不得再行移动，后方站扣车，指示退行，列车退行，安抚乘客，到站停妥开门乘降，维持候车秩序。

2. 列车冒进信号并压上道岔时的处理

确认具体情况，锁闭道岔，报告行调，行调了解具体情况，指示列车不得再行移动，视情况清客或救援，后方站扣车，发布延误信息，监控列车运行，调整运行间隔，如果影响邻线时，停止该线列车运行，事故列车驶离现场后检查试验道岔，并恢复正常行车。

八、列车运行突发事件应急处理

（一）列车撞人

1. 处理原则

（1）优先进行受伤人员的抢救。

（2）尽快开通线路，恢复正常运营。

（3）应指派其他驾驶员接替工作。

2. 事件通报

（1）通报内容：事件地点、伤亡者位置和伤亡情况等。

（2）通报人员：①列车驾驶员发现列车撞人时，立即报告行车调度员，行车调度员报告值班调度主任，通知相关车站与车辆段。值班调度主任立即通知120急救中心、公安部门、电力调度员、环控调度员及相关部门负责人。②车站工作人员发现列车撞人时，立即报告值班站长，值班站长立即通知120急救中心及公安部门，并报告行车调度员。

3. 事件处理前的准备工作

（1）驾驶员立即停车制动，需要报告行车调度员，并通过广播向乘客说明列车无法继续行驶的情况。

（2）行车调度员接到报告，做好记录并扣停后方列车，向全线发布列车延误信息，调整运行间隔，监视客流情况，必要时清客。

（3）值班调度主任接到报告，了解有关情况，根据需要指示清客，视情况召集救援人员，并监控全线客流变化情况。

（4）电力调度员，根据命令进行停电作业。

（5）环控调度员，根据命令情况开启隧道通风。

（6）车站工作人员，按压紧急停车按钮，疏散围观乘客，监视限制客流，发布列车延误信息，接应救援人员，根据指示进行清客，根据需要申请进入轨行区协助救援。

（二）列车火灾

1. 列车发生火灾时的处理原则

（1）设法向乘客了解详细情况。

(2) 以保障乘客和员工生命安全为首要任务。
(3) 尽量维持列车运行至前方站时疏散乘客。
(4) 区间被迫停车疏散乘客时，确定疏散方向后，再启动隧道通风排烟系统。

2. 火灾通报

(1) 驾驶员：若乘客进行火灾报警时，应立即报告行车调度员。列车发出火灾报警信息时，确认发生火灾后，再报告行车调度员。

(2) 行车调度员：立即报告值班调度主任、全体当班调度员，同时致电 110、119 和 120，通知相关车站、车辆段和各抢险救援队，向全线车站和列车发布信息，向列车正前往的车站或列车停留的车站通报火灾详情，要求车站做好疏散和灭火准备工作。

3. 列车运行往前方站的处理办法

广播安抚，指导乘客尝试灭火，提醒乘客远离火源并不要打开车门。乘客拉下车门紧急解锁装置，确认火灾尚未不可控时，旁路车门，用 RM 模式运行。

列车到站停稳后打开列车门和屏蔽门，无法打开时需手动开门，协助有困难乘客，简易救治受伤乘客；做好自身防护后检查确认无滞留乘客并尝试灭火，不能保证自身安全时等候救援；启动站台火灾排烟模式。

乘客疏散完毕且供电臂内所有列车出清后，电力调度员立即停止供电。

4. 列车在区间停车的处理办法

(1) 驾驶员：与行调确定疏散方向，广播组织乘客疏散，打开所有车门，提醒乘客不要靠近车门；车站工作人员：做好个人防护，携带备品，进隧道引导乘客疏散完毕；做好自身防护后确认无滞留乘客及线路出清，报告行调。火势不可控时，驾驶员离开列车等候救援人员。

(2) 环控调度员：开启隧道事故照明，根据具体情况开启相应隧道排烟模式，监控设备运转机电人员：根据需要切断相应设备电源。

(3) 电力调度员：尽可能维持接触网供电区段的供电。

5. 行车组织

禁止列车进入事发地段，扣停有关列车，已进入列车退回，火灾列车旁不停放列车，受影响列车通过车站，需停电时组织列车出清该供电臂，调整列车运行，全线通报事故。

6. 车站疏散

广播通知，开启全部闸机及员工通道门，停止售票，保管钱票，派人引导，协助有困难乘客，发放湿毛巾，救护伤员，驻守车站出入口，疏散完毕报告行调，关闭车站出入口（紧急出入口除外），张贴告示，员工到规定地点集合，火势很大时做好消防人员进入现场的导向标志后迅速撤离。

7. 救援抢修

保障自身安全的前提下尝试灭火，派人接应消防、救援和救护人员等，全力救援，做好配合，根据具体情况抢修。

8. 恢复运营

加强现场联系，掌握抢险进展，抢险完毕后，起火列车退出服务，设备恢复，清理现场，通知事故结束，恢复正常运营。

任务二　行车调度安全管理

行车调度工作是城市轨道交通系统的核心，担负着指挥列车运行、贯彻安全生产、实现列车运行图、完成运输计划的重要任务。行车调度人员是列车运行的统一指挥者，负责监控或操纵列车运行控制设备，掌握列车运行、到发情况，发布调度命令，检查各站、段执行和完成行车计划情况等工作，在保证行车安全的大系统中具有重要的地位和作用。

城市轨道交通的行车调度工作由调度控制中心实施，实行高度统一指挥，以使各个环节紧密配合，协调工作，保证列车安全、正点运行。

一、行车调度安全指挥工作的基本任务及要求

调度指挥必须坚持安全生产，正确及时地指挥列车运行，防止因指挥不当造成事故隐患。遇突发紧急事件时，要冷静、正确、及时处理，行车调度相关的工作人员必须提高业务水平，提高应变能力。

（一）行车调度的基本工作任务

行车调度工作的基本任务包括组织指挥各部门、各工种严格按照列车运行图工作；监控列车到达、出发及途中运行情况，确保列车运行秩序的正常；当列车运行秩序不正常时及时采取措施尽快恢复正常运行秩序；及时准确地处理行车异常情况并防止行车事故的发生，并随时掌握客流情况及时调整列车运行方案；检查、监督各行车部门执行运行图的情况，发布调度命令，当发生行车事故时，按规定程序及时向上级主管部门汇报并采取措施防止事故扩大积极参与组织救援工作。

（二）行车调度工作的基本要求

1. 城市轨道交通行车组织工作必须严格执行单一指挥的原则

一般而言，城市轨道交通企业规定凡指挥列车运行的命令和口头指示，只能由行车调度发布。行车各有关部门必须服从所在区段行车调度的集中统一指挥，各级领导对列车运行的指示必须通过行车调度下达，坚决禁止令出多口或多头指挥，维护调度命令的严肃性和权威性。有关行车人员必须执行调度员的命令和指示，不得违反。

2. 行车调度要具备较高的业务水平和紧急处理能力

熟练掌握调度工作技术是做好安全指挥工作的基础。行车调度必须熟悉主要行车人员情况，掌握车辆、线路、设备等方面的知识，熟知各项规章制度和各种行车作业的程序，掌握与其他调度的工作衔接，掌握处理各种行车意外情况和行车事故的方法，概括起来为"人、车、天、地、电、设备、规章"7大要素。调度人员要做到调度指挥胸有成竹、沉着冷静。

（1）人：了解各站行车值班员及司机的基本情况，包括业务能力、工作习惯、家庭情况、个性特点等，便于更好地组织工作。

（2）车：了解车辆结构、动车组的基本工作原理，车辆制动系统、转向架系统等车

辆主要系统常见故障处理，便于在列车运行时出现车辆故障时能心中有数并进行合理调度，使故障的影响降到最小。

（3）天：了解天气变化，在雨、雪天防止因雨具导致站厅、站台地面潮湿而发生旅客伤亡；对于露天线路，须随时了解和掌握天气变化可能给行车工作带来的影响，以便根据不同情况采取有效的调整措施，取得计划指挥的主动权。

（4）地：指轨道交通线路的平面、纵断面，信号机的布置、桥隧及建筑物限界等。行车调度员应熟悉列车运行过程中途经线路的曲线、坡度、信号机布置、桥隧及建筑物限界等情况。

（5）电：掌握所辖线路的牵引供电区域的划分。

（6）设备：主要指信号设备及环控设备、防灾报警设备、车站监控设备、售检票设备、电扶梯系统、动力照明系统、屏蔽门等设备。城市轨道交通正线一般采用微机连锁，并装设列车自动控制系统（ATC）。行车调度必须掌握微机连锁的功能及操作，掌握列车自动控制系统的三大子系统，即列车自动保护装置（ATP）、列车自动运行系统（ATO）、列车自动监控系统（ATS）的功能及操作。

（7）规章：行车调度应全面了解并掌握以下规章：《技术管理规程》《行车组织规则》《行车调度规则》《行车事故处理规则》《行车设备维修施工管理规则》《突发事件应急处理办法》等。

3. 发布调度命令要正确、完整、清晰

调度命令是城市轨道交通运输工作实行集中领导、统一指挥的具体体现和保证之一。具体有以下要求：①凡是指挥列车运行的命令和口头指示，只能由行车调度发布，有关行车人员必须坚决执行，不得违反；②发布调度命令前应详细了解现场情况，听取有关人员意见，发布调度命令时应严格按行车相关规章办理，必须先拟后发，不得边拟边发；③发布调度命令应按"一拟、二签、三发布、四复诵核对、五下达命令号码和时间"的程序办理；④制订对常用的行车调度命令格式和用语的统一规定，使调度命令发布规范化、用语标准化，调度命令内容更加准确、简练、清晰、完整；⑤发布调度命令时为确保命令的传达准确无误，行车调度应指定其中一人复诵其口头命令内容，其他人核对，确保无误，书面调度命令须填写记录。

二、行车调度在行车安全工作中的作用

行车调度贯彻集中领导、统一指挥的原则，组织协调行车有关各部门、各单位、各工种的工作，指挥和监督行车工作的全过程，保证行车工作均衡协调、安全准确地运行。

在日常运输工作中，行车调度负责编制日常运输工作计划，发布各种有关行车的调度命令，组织行车各部门协同动作，保证列车按列车运行图运行，实现日（班）计划规定的各项任务；负责监督和检查行车各部门执行运输工作日常计划和规章制度的情况以及列车运行情况，及时组织处理和排除各种危及或有可能危及行车安全的意外情况；发生行车事故灾害而中断行车时，采取积极有效的措施，组织事故救援，迅速恢复行车，保证运输畅通。

概括起来说，行车调度在安全工作中的作用有以下几个方面：

（1）指挥行车人员完成各项行车作业，保证列车安全正点运行。

（2）组织、协调、监督、检查行车各有关部门的安全生产，纠正各种违章现象，及时处理行车中发生的问题，消除事故隐患，防止发生行车事故。

（3）在发生事故后，积极组织救援，减少事故损失。

三、日常调度安全

（一）运营前的安全检查

行车调度员于列车每天运营前 30min 进行检查，确认运营线路空闲、技术设备正常，在一切准备工作就绪，达到运营条件后，校对时间、建立时刻表，开始投入运营服务。运营前的检查工作是安全运营的前提，有助于及早发现问题，消除隐患，维护正常运营秩序。

1. 确认线路出清

每日运营前，行车调度员检查全线路出清情况，根据施工作业和线路巡查的登记，逐项检查注销情况，确认运营线路空闲。当发现线路未出清时，查明原因后督促其在规定时间内出清。

2. 确认设备状态良好

行车调度员确认线路出清后，将控制模式转为中心控制模式，登录列车自动监控系统（ATS），确认线路无异常占用，清除告警窗内的所有无效告警。

检查视频、广播、电话和无线通信等与运营有关的设备，确认状况良好。对全线信号、道岔进行测试，确认道岔位置及信号表示正确。向电力调度员确认全线牵引供电、自动售检票设备处于正常状态。测试时发现异常，应立即抢修；暂时不能修复时，尽可能降低对运营的影响。

检查全线各车站、车辆段运营前的准备工作。要求车站报告施工检修作业结束、运营线路空闲、无异物侵入界限、线路出清、行车设备及备品齐全完好、相关人员到岗等，要求车辆段报告当日使用列车和备用列车的安排与驾驶员配备等。

3. 建立时刻表、校对时间

在每天时刻表规定的首发列车发车前，建立并确认当日运营的时刻表，与车站、车辆段核对当日时刻表、校对时间和说明相关注意事项。

（二）运营中的调度监督

在正常情况下，列车运行由列车自动控制系统（ATC）自动监视和控制，无须人工干预。运营开始后，行车调度员通过列车自动监控系统（ATS）调度终端，密切监控设备状态及列车运行情况，获取报警信息，进行列车运行组织，确保列车安全运行。

列车自动监控系统（ATS）基本功能包括获取轨道占用情况，识别进路状态，确认、跟踪和动态显示列车位置、车次号和到发时分等；监视列车运行、信号显示和道岔位置，发现异常情况进行报警；储存基本运行图和双休日运行图等多套运行图，并根据当前使用的运行图进行调整，自动绘制实际运行图，生成各种运行报告；自动根据列车运行图触发进路，或人工设置进路；在人工运行控制模式下，执行车站扣车及取消，建立及解除限速，临时区间封锁及取消；系统故障时降级处理，故障复原处理；在控制中心专用设备上提供培训和演练；具有记录、统计和打印功能；向旅客提供列车到达时间、列车目的地、列车终到和末班列车等显示信息。

（三）运营结束后的安全工作

运营时间终止后，行车调度员核对所有运营列车及备用列车离开正线，确认列车入段或停放在指定位置，确保正线线路空闲。将信号控制权转换至各车站，进行本地控制，组织和监督夜间施工。对当天列车运行图进行保存和归档，整理统计当日运行情况，在次日运营前删除使用过的时刻表。

四、列车运行调整安全

行车调度员应严格按列车运行图指挥行车，由于施工、事故、灾害、故障等原因，会造成与实际不符的情况，这是就需要对列车运行进行调整。

列车运行调整归根结底是调整列车的运行时分和停站时分。列车运行时分取决于列车运行速度（受列车构造速度、线路状况、乘客舒适度、运行效率和节能要求等条件制约）。列车停站时分主要用来完成驾驶员开关车门和站台门、乘客上下车，乘客上下车花费时间又取决于客流量大小。当列车运行秩序紊乱时，通过调整列车运行时分和停站时分，使列车恢复正点运行。发生较小的列车延误，由列车自动监控系统（ATS）自动调整；发生较大的列车延误或突发事件时，就需要行车调度员人工调整。

行车调度员进行列车运行调整时，不仅要考虑恢复列车正常运行秩序，还要兼顾行车安全。常用的列车运行调整方法有加开列车、停运列车、扣停列车、列车载客通过、减少或延长停站时分、列车减速或加速运行、改变列车运行等级、变更列车运行交路、采用小交路运行、列车反方向运行、单线双向运行、调整列车运行间隔、列车站前折返、始发站提前或推迟发车、在始发站更改车次等。

（一）列车载客通过车站

列车载客不停车通过车站，又称跳停、跳站和越站等，是行车调度员调整列车运行的方法之一，由于影响乘客乘车，一般情况下不采用。遇突发事件与设备故障等，造成后续列车大量拥堵，短时间内无法恢复，系统无法自动调整。为了减少对后续列车的影响，尽量使后续列车恢复正点运行，行车调度员可使部分载客列车在运行图规定的停车站通过。

采用列车载客通过的调整办法，可以加速列车运行，使晚点列车正点终到。遇车站发生火灾等意外情况，让列车不停车通过，可以避免扩大事故后果。某些车站客流突然增大时，在客流较小的车站不停车通过，有助于快速疏散客流。

列车载客通过时，应提前做好安排，提前通知相关车站和驾驶员，车站和驾驶员应提前进行广播，便于乘客提前选择好上下车地点。广播故障的列车，原则上不得办理载客通过。图定首班车、末班车不得办理载客通过，高峰时段尽量避免办理载客通过，与后续列车间隔较大时不办理通过（特殊情况除外）。客流量大的车站、换乘站除特殊情况外，原则上不办理载客通过。既要避免同一个车站连续多列车载客通过，还要避免同一列载客列车连续通过多个车站。

载客列车通过未设站台门的车站时，应降低速度，车站维护好站台秩序，防止乘客越过安全线，驾驶员要时刻注意站台状况，发现危及行车及人身安全的情况，要立即停车。

列车载客通过的指令可以在设备上设置，由行车调度员设置，还可由驾驶员设置，仅对列车自动运行系统（ATO）的驾驶模式有效。设置条件为通过站不能是终点站，设置时机是列车尚未离开后方车站。载客通过指令一旦被应用，列车可自动广播，该指令也可在列车尚未离开后方车站时取消。如果通过车站实施了扣停列车，扣停控制被优先执行。

（二）扣停列车

由于设备故障、列车救援、发生事故或其他原因，造成列车延误事件较长，为防止列车局部密度过大，将后续列车扣停，以缓解故障区段留车压力，保证前方列车或车站有充裕的时间来处理问题。待造成列车堵塞的原因消除后，再采取压缩停放时间和载客通过等方式，恢复列车正常运行秩序。

扣停列车有区间扣车和车站扣车两种。区间扣车就是行车调度员通过无线电台通知驾驶员，使列车临时停于区间，等待前方车站或前行列车处理意外事件完毕后，再启动列车进站。区间停车时，驾驶员必须通过广播告知乘客，避免乘客因恐慌而使用紧急解锁装置打开车门，引发挤落轨道、跳车等危险行为。车站扣车要在设备上进行设置，通常说的扣停列车是指车站扣车。

1. 信号机具备扣除功能时

未设基于通信的列车自动控制系统（CBTC）区段，办理扣停后，出站信号机不能开放，已开放的出站信号关闭（进路仍在锁闭状态）；取消扣停后，如果满足联锁条件，相应出站信号机自动开放。遵循"谁扣谁放"原则。

中央控制模式下可由行调，车站，行调和车站同时设置；行调取消控制中心的设置，车站可取消控制中心和本站设置。

车站控制模式：只能由车站设置，只能由车站取消。

扣车信息显示：控制中心、车站控制室、驾驶室。

扣车命令到站前发出，车站扣车时确认列车门和屏蔽门开放，取消扣车后方可关闭。

2. 信号系统不具备扣车功能时

电台、口头通知，显示紧急停车信号，电话闭塞收回行车凭证。

（三）小交路运行

由于设备故障或发生事故，导致某区域不能行车，正线严重堵塞，列车无法按时在终点站折返，使得一个方向上列车大量积压，另一方向列车急剧减少，乘客大量滞留车站。遇到这种情况，行车调度员经常运用小交路方式调整列车运行。通过缩短列车运行交路，组织列车在中间站折返，既可以维持非影响区段的列车运行，又可以防止列车积压。当客流量不均衡，运行列车数又不足时，也可以采用小交路运行的调整策略。为了实现小交路运行调整，在城市轨道交通线路上，往往每隔若干个车站，就设置一条折返线。

（1）行车调度员：通知车站和驾驶员，监控行车，随时调整，必要时进行客流控制。

(2) 驾驶员：广播通知，加强瞭望，注意道岔与线路，发现与指示不符立刻停车报告。

(3) 车站：通知乘客交路变化，留意本站客流，做好客流控制的准备，发现异常立刻报告。

（四）单线双向运行

单线双向运行俗称"拉风箱"，就是在一段固定线路上只有一班列车往返运行，适用一条线路行车中断，而另一条线路仍具备列车运行条件的情况。它是一种最低限度维持列车运行的方法。

单线双向运行的要求：距离不宜过长，这样会造成乘客候车时间过长，不利于吸引客流。如果具备行车条件的单线距离较长时，可拆分成若干个小区段，分别进行单线双向的运行调整方式。

单线双向运行的两端站是安全控制重点，无论是行车作业，还是客运组织，都有一定的安全风险。单线双向运行往往和其他列车运行调整方式结合使用，在两端站经常既有单线双向运行的列车，还有其他交路方式运行的列车，存在列车冲突的隐患。两端车站需要控制好列车进路，做好防护；列车需要控制好进站速度，注意瞭望。另外，两端站是单线双向运行列车的始发站与终到站，又是其他交路方式列车的换乘站，既有上行方向的客流，又有下行方向的客流，并且往往混杂于同一站台。因此，车站需要增加人手，加强客流的疏散引导。

五、行车调度应急处理示例

（一）接触网断电

某城市轨道交通线路共有 13 个车站，J 站至 K 站间、L 站至 M 间分别为一个接触网供电分区，车站分布情况及 J 站至 M 站之间下行接触网供电分区的具体情况，如图 4-1 所示。305 次列车即将进入 K 站时，接触网突然断电，列车滑行进站停车。

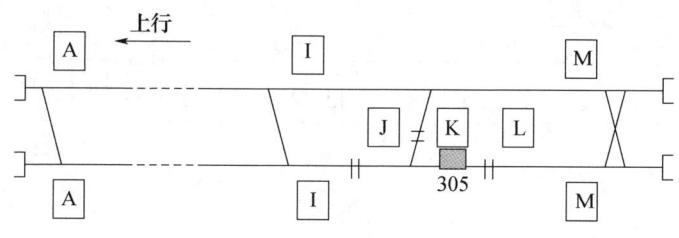

图 4-1 事故演示图一

1. 事件处理

(1) 指示 305 次列车进行清客。

(2) 指示 K 站协助疏散乘客并控制客流。

(3) 对其他列车的处理：检查断电接触网分区内有否其他列车，扣停后续列车，发布延误信息，做好乘客广播。监控列车运行，监视客流。

(4) 对故障接触网处理：确认安全后通知电力调度员尝试送电，尝试送电失败时通知维修人员前往现场抢修。

2. 列车运行调整
(1) 在A站~I站之间采取小交路运行。
(2) 在I站~M站上行线采取单线双向运行。
(3) 在I站~M站间启动公交接驳。
(4) 停运、替开列车。
运行调整演示图一，如图4-2所示。

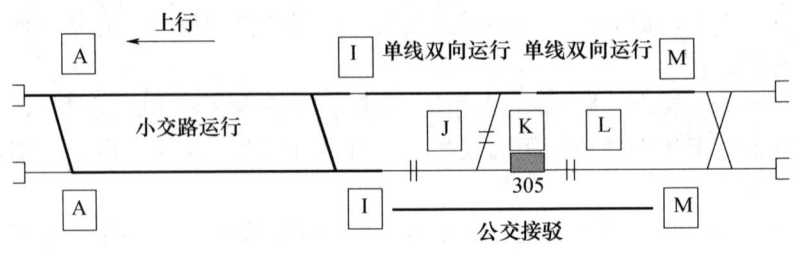

图4-2 运行调整演示图一

3. 接触网断电处理的注意事项
(1) 接触网断电导致列车停于区间隧道时，应及时开启故障区域的隧道事故照明和工作照明，必要时组织隧道通风。
(2) 确认短时间内不能恢复接触网供电后，应考虑区间疏散乘客。
(3) 对于停于区间隧道的列车，可打开适当数量的车门，打开的车门必须指派工作人员负责把守。

（二）列车故障

某城市轨道交通线路共有13个车站，车站分布情况如图所示，车辆段位于H站，I站是客流大站。302次列车在L站~K站间发生空气压缩机故障，维持运行至K站后无法缓解，如图4-3所示。

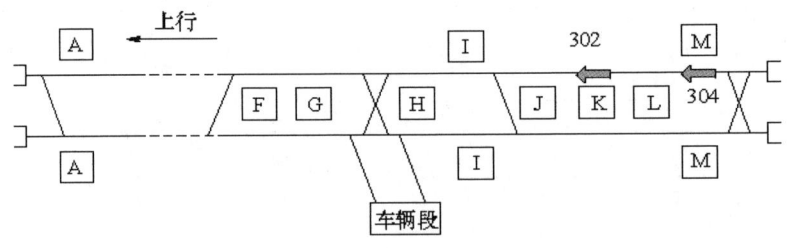

图4-3 事故演示图二

1. 救援方案
302次列车在K站清客，利用后续304次列车救援。304次列车在M站清客后运行到K站，将302次列车推进到H站入段检修。

2. 事件处理
(1) 对302次、304次列车的处理。
无法处理故障时，报告值班调度主任，确定救援方案。
指示302次、304次清客，发布救援命令，向乘客广播。

302次禁止移动，做好防护和救援准备。304次去往K站与302次列车连挂，推进运行至H站入段检修。

（2）对K站、M站的指示。

通知救援方案，要求做好：向乘客广播，协助清客，开放闸机，引导乘客出站；张贴告示，控制进站客流。

（3）对其他列车的处理。

扣停后续列车，发布延误信息，监控其他列车运行，监视全线客流。

3. 列车运行调整

（1）加开备用列车，反方向运行。

（2）停运、扣停列车。

（3）小交路运行。

（4）始发站推迟发车，中间站延长停站时间。

运行调整演示图二，如图4-4所示。

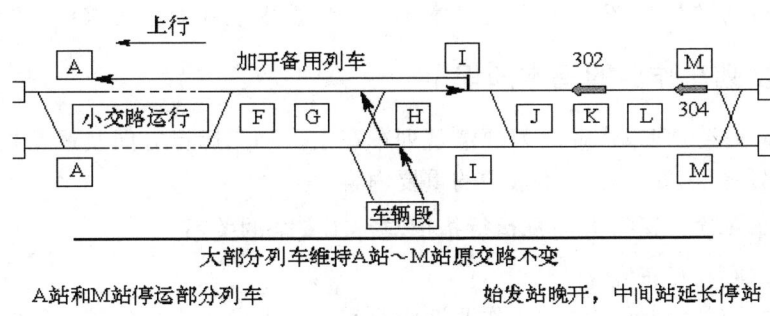

图4-4　运行调整演示图二

任务三　车站作业安全

车站的行车组织工作是在行车调度的统一指挥下，合理运用车站的各项技术设备，负责车站行车控制指挥、施工及其他作业。车站安全工作的基本任务是建立健全各类行车作业管理的规章制度。这些制度包括车站行车控制室的管理交接班制度、行车值班员岗位责任制等。

车站安全工作的具体内容包括对车站的行车组织工作进行规范管理，确保行车安全；进行车站各项安全检查，检查车站安全隐患并落实整改；建立各类事故预案开展演练以提高车站员工的应急处理能力，有效处理车站突发事件，明确职责、落实责任、加强安全管理，确保车站行车、施工、治安、消防等工作的顺利进行以及车站员工、乘客人身安全和车站所辖设备运行安全。

一、车站行车安全工作的基本要求

车站作业包括列车运行控制、车站的施工组织、接发列车作业等。

其中各项作业均涉及行车安全，行车安全的具体要求如下所述：

（1）车站的列车运行控制根据整个系统列车运行控制方式的变化而变化。在调度集中控制方式下，车站行车组织的主要工作是监控行车运营状态；在自动控制方式下，车站除对列车的运营状态进行监控外，如中控因故放权而由车站进行控制，则在有集中控制设备的车站负责对列车的折返、进路排列等人工作业；在半自动控制方式下，车站负责列车运行控制的工作，人工操作信号设备进行接发车、调车等行车作业，并根据行车调度指令对列车运行进行调整；在非正常情况下，车站根据调度的指令，按规定的作业办法要求负责列车在车站的接车、发车、调车等作业。

（2）在车站管辖范围内的任何施工均应在车站行车控制室登记，在得到行车值班员的签字确认后方可进行；对影响运营的施工检修作业，如信号设备检修、道岔检修等作业，必须得到行车调度的同意后方可进行。

（3）接发列车是城市轨道交通行车工作中最重要的环节之一，接发列车的作业安全直接关系城市轨道交通的行车安全。因此，所有参与接发列车的作业人员，均应以高度的工作责任感认真履行岗位职责，严格执行规章规范，保证接发列车作业安全。

下文将重点介绍接发列车作业的基本知识、惯性事故和安全要求。

二、接发列车作业的基本知识

车站在办理接发列车作业时，要清楚列车车次、列车运行方向及运行指挥系统，因为这3方面都是行车安全保证体系中的重要内容。

（一）列车车次、运行方向及运行指挥与行车安全的关系

1. 列车车次与行车安全

列车车次具有区别列车种类、作业性质及其运行方向等重要作用，同时与行车安全密切相关。在接、发列车作业中，列车车次的误听、误传、误抄、误填，往往是造成行车事故的直接原因。为此，办理接、发列车时，列车车次必须传准听清，复诵无误，防止误听误传；抄写或填记行车簿册、命令及行车凭证时，要认真核对，防止误抄误填。车次不清楚时，必须立即询问，严禁臆测行车。

2. 列车运行方向与行车安全

列车运行方向也是保证接发列车及行车安全的重要内容之一，尤其是一端有两个及其以上列车运行方向的车站更需引起注意，在办理列车闭塞及下达接发车进路命令等作业事项时，均应冠以邻站方向或线路名称，以防止列车开错方向。

车站值班员在指挥及办理接发列车作业时，须认真遵守行车有关规章要求，严格执行接发列车作业规定，正确下达接发列车的有关命令，确保列车运行安全。

3. 列车运行指挥与行车安全

行车工作必须坚持集中领导、统一指挥、逐级负责的原则。为了安全顺利地组织列车运行，列车运行的指挥工作应注意两点，即正确指挥和服从指挥。列车运行的指挥工作首先应强调其安全正确性。在日常行车作业中，行车调度错发、漏发调度命令，盲目指挥列车运行，或车站值班员错发、漏发接发列车命令，盲目指挥及错误操纵控制台等，往往是造成列车事故的重要因素。因此，在指挥列车运行工作时，行车调度在发布命令之前，应详细了解现场情况，并听取有关人员的意见，以便正确下达指挥列车运行的调度命令和口头指示。

（二）接发列车惯性事故的种类及主要原因

车站在办理接车、发车和列车通过作业程序中发生的一切行车事故称为接发列车惯性事故。

接、发列车惯性事故主要有向占用区间发出列车、向占用线路接入列车、未准备好进路就接发列车、未办或错办闭塞就发出列车、列车冒进信号或越过警冲标、错误办理行车凭证发车或耽误列车。

以上惯性事故发生的主要原因有当班人员离岗、打盹或做与接发列车作业无关的事情；办理闭塞时没有确认区间处于空闲状态；不按规定检查确认接发列车进路；不认真核对行车凭证；错办或未及时办理信号；取消、变更接发列车进路时联络不彻底。

（三）接发列车作业安全要求

接发列车作业，从办理闭塞、准备进路到开放信号、交递凭证，直至列车由车站发出或通过，其间任何一个环节的漏洞都可能埋下事故隐患，任何一项作业的差错都往往危及列车安全。因此，日常办理每一趟列车，均须高度重视，认真作业。

目前，国内外城市轨道交通均采用信号系统控制列车运行，监控列车运行安全。列车正常行车时，由信号系统自动控制，信号正常时车站不需要接发列车，只需由车站值班员、站台人员完成站台安全监控和乘客乘降的服务工作。只有在遇到信号系统出现故障需人工排列进路组织列车运行或列车退回车站等特殊情况须接发列车时，应注意以下安全要求。

1. 办理闭塞作业的安全要求

办理列车闭塞是接发列车的首要作业环节，是列车取得区间占用权的重要环节，也是较易发生列车事故的关键环节。

（1）办理闭塞前，必须认真确认区间已空闲。车站值班员在办理闭塞时，为防止占用区同时发出列车，在确认区间空闲时必须认真做好以下工作：

① 检查确认前一列车是否完整到达。
② 通过闭塞设备确认区间空闲。
③ 检查确认区间是否有列车占用。
④ 检查确认区间是否封锁。
⑤ 检查确认区间是否遗留车辆。
⑥ 检查确认区间内设有道岔时发车进入正线的列车，区间道岔是否向正线开通并锁闭。
⑦ 检查确认有关记录情况。
⑧ 检查确认其他占用区间的情况。

（2）办理闭塞时，车次必须准确清晰。
（3）办理闭塞时，用语必须准确完整。

现场作业中，有的车站值班员承认闭塞时，仅简化回答"同意"两字而未复诵，未起到与相邻站互控、联控的作用，极易发生错办车次。为此，办理闭塞及承认闭塞时，均须完整按照行车标准用语执行。

2. 准备进路作业的安全要求

准备进路，泛指将列车经由车站所运行的线路安全开通。准备进路是接发列车工作中一项极为重要的作业环节，应引起注意的方面主要有以下方面：

（1）确认接车线路空闲。车站在准备列车的接车进路或通过进路时，首先必须确认接车（通过）的线路空闲，以防止线路上存有机车、车辆及其他危及列车运行安全的障碍物等。为此，车站值班员和现场作业人员必须对接车（通过）进路线路是否空闲进行检查和确认；轨道电路及控制台上设有股道占用标志的，通过控制台对股道是否被占用进行确认。

（2）确认接发车进路正确无误。接发列车进路的正确与否，直接关系列车运行安全。因此，在接发列车作业中，对列车进路的确认极为重要，切不可疏忽，连锁设备正常时车站可通过信号设备的显示来确认接发车进路；遇有连锁设备停用时，对列车进路的现场检查则更须严密细致，对进路上的道岔逐个确认，确认道岔位置正确及按要求加锁后，方可报告接发车进路准备妥当。

（3）确认影响进路的其他作业已经停止。

3. 办理及交付行车凭证的安全要求

行车凭证是列车占用区间的依据，包括信号机显示、路票、调度命令等。有关作业人员办理行车凭证时，必须认真严谨，注意防止因差错而造成行车事故。

（1）防误操作信号设备。信号是指示列车运行的命令。信号正常时，信号机上显示的准许列车运行的各种信号均为列车行车凭证。信号的开放和关闭至关重要。因此，车站值班员、信号员在操作信号设备时，必须全神贯注，精力集中，遵章守纪，严格坚持"眼看、手指、口呼"一致的确认操纵制度，确保信号指示准确无误。

（2）防误填写行车凭证。使用路票、调度命令等书面凭证办理行车时，应注意，其使用日期、区间车次、地点电话记录号码或调度命令号码等。书面凭证填写后，必须逐字逐项复诵，认真进行核对经确认无误后，方可交付使用，以防止因填写错误而导致行车事故。

4. 接、发列车作业程序及用语要求

接送列车及指示发车直接关系接发列车作业安全。在信号正常的情况下，车站原则上不办理接、发列车作业，如遇特殊情况（指信号联锁故障需要人工排列进路组织列车运行时，或列车开到区间因故障要退回车站等情况）须接发列车时，车站接发列车人员应严格执行接发列车作业程序，并使用规定用语。随意简化，甚至颠倒或遗漏作业程序及用语，将危及行车安全，具体要求如下所述。

（1）确认列车整列到达。

（2）严密监视列车运行安全状态。站台岗人员随时注意站台乘客动态，当客车进站时应于站台扶梯口靠近紧急停车按钮附近站岗，防止乘客在关门时冲上车被夹伤，维护站台秩序，监督司机按规范动作关门。发车时，站台岗（或司机）若发现站台或屏蔽门异常，应立即用对讲机通知司机（或站台岗）并及时处理。

（3）确认列车发车条件无误后，方可指示发车。

三、车站非正常行车作业安全

(一) 道岔故障

道岔故障表现为道岔失去定反位表示,呈灰显、短闪或长闪等现象。道岔失去表示后有两种情况:①定位与反位仅有一个位置不能正常使用;②定位与反位均不能正常使用。联动道岔失去表示后,一副道岔在某个位置不能正常使用另一副道岔的同一个位置也不能正常使用。

道岔故障时,执行先通后复的原则,没有得到行车调度员的准许,不得进行影响行车的抢修作业。

1. 道岔故障时的作业办法

(1) 道岔故障时正线作业办法。

列车在正线运行时,所经由的中间站道岔经常开通正线。中间站道岔故障时,确认该道岔开通正线并加锁,否则手摇道岔开通正线并加锁。

在移动闭塞信号系统(CBTC)模式下,列车以 RM 模式越过故障区段,收到车载信号后恢复正常行车;在联锁后备模式下,道岔故障会导致防护信号机不能开放,列车以 NRM 模式越过关闭的防护信号机,继续运行。

(2) 道岔故障时折返作业办法。

优先考虑变更进路组织行车。无法变更且道岔仅有一个位置不能正常使用时,尽量使用该道岔的正常位置行车;如必须使用故障位置时,由车站人员现场人工准备进路。如果故障道岔位于所需位置,确认道岔开通位置正确后加锁。折返进路准备完毕后,由站务人员显示手信号,按调车方式指挥列车以 RM 模式完成折返。

2. 手摇道岔前的准备工作

手摇道岔不得少于两人,开启隧道照明,必要时开启隧道通风,做好防护,接触轨停电。

3. 手摇道岔的作业步骤

(1) "一看":查看道岔各部件良好,位置是否正确,尖轨与基本轨间无异物等。

(2) "二开":打开转辙机盖孔板,道岔已加锁时要拆除钩锁器。

(3) "三摇":将手摇把插入手摇把孔,确认摇动方向,转动,听到咔嚓声停止,拔下手摇把,锁好盖板。

(4) "四确认":两人共同确认尖轨与基本轨密贴,进路上所有道岔开通位置正确。

(5) "五加锁":使用钩锁器分别加锁。

(6) "六汇报":作业完毕后,撤出红闪灯,收拾工具备品,清点数量,确认轨行区无遗留,汇报,显示手信号。

4. 手摇把管理

统一编号,登记,加锁,签认。

5. 道岔故障处理示例

301 次进入 A 站上行折返线,系统办理进入 A 站上行站台的折返进路时,2/4 道岔失去表示。随后,302 次到达 A 站下行站台,清客后等待折返。

（1）对 301 次列车折返进路的处理。

2 号道岔手摇至定位并加锁，6/8 号道岔单操至定位并单锁。301 次按调车方式折返至上行站台。

（2）对 302 次列车折返进路的处理。

4 号道岔手摇至定位并加锁，302 次经 4 号、6 号道岔进下行折返线，6/8 号道岔单操至反位并单锁，302 次经 6/8 号道岔折返至上行站台。

（3）对后续列车折返进路的处理。

2 号、4 号道岔定位加锁，单操单锁 6/8 号道岔，利用下行折返线折返。

道岔故障处置演示图，如图 4-5 所示。

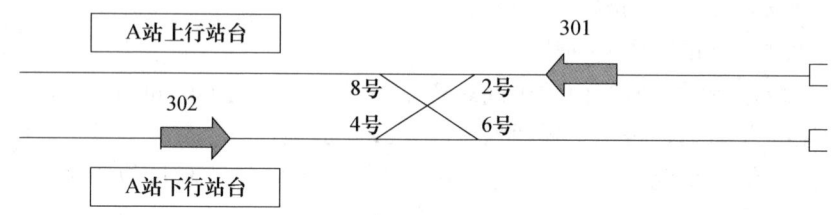

图 4-5　道岔故障处置演示图

（二）电话闭塞

当基本闭塞设备或联锁设备因故障或特殊作业不能使用时，根据调度命令，由车站组织实施人工代用闭塞法。

车站之间通过电话联系，人工组织列车运行，维持运用服务。按人工代用闭塞法行车时，列车不受设备的安全保护，列车运行间隔仅依靠站间电话联系来人为保证，安全保障程度较低，只能从制度上加以约束和规范。

当多个区段设备出现故障时，大量区段使用人工代用闭塞法行车，由于其效率低、安全性差，会极大地打乱全线列车运行秩序，并影响运营服务质量。所以，这时可以采用有效的运行调整策略，如故障区域停止运营改用公交接驳，其他区域采用小交路运行。

1. 电话闭塞作业办法介绍

（1）第一步：行车调度员发布采用电话闭塞法行车的调度命令。

（2）第二步：发车站查明前方线路空闲，请求闭塞，准备发车进路。

（3）第三步：接车站查明空闲，准备妥当接车进路，发出电话记录号码，双方站填写"行车日志"。

（4）第四步：发车站填写行车凭证交与接发列车人员，指示发车。

（5）第五步：发车站与司机核对行车凭证无误后交付驾驶员。

（6）第六步：司机接收行车凭证，确认发车条件后出发。

（7）第七步：发车站向接车站及行车调度员报告列车出发时刻，双方填写"行车日志"。

（8）第八步：接车站接发列车人员显示停车手信号，列车停妥后，收回行车凭证，划"×"注销。

(9) 第九步：接车站向发车站及行车调度员报告列车到达时刻，双方填写"行车日志"。

2. 车站非正常行车作业安全各地电话闭塞办理程序的不同。

(1) 发车站准备发车进路的时机不同。

① 第一种：发车站准备妥当发车进路后，方可向接车站请求闭塞。

② 第二种：发车站向接车站请求闭塞后，不需要得到接车站承认闭塞，即可准备发车进路。

③ 第三种：发车站收到接车站承认闭塞的电话记录号码后，方可准备发车进路。

(2) 行车凭证处理及发车办法不同。

3. 各地电话闭塞办理程序相同

(1) 均须得到调度命令准许。

(2) 均须保证列车之间由足够的行车间隔。

(3) 接车站在接车进路准备妥当后，方可发出承认闭塞的电话记录号码。

(4) 接车站无须发出列车到达的电话记录号码，只通报列车到达时刻。

(5) 准备接发车进路时，能在设备操纵、锁闭道岔的，在设备上办理；不能在设备上办理时，现场人工手摇并加锁道岔。

4. 电话闭塞的安全控制

(1) 列车运行安全控制。

行车调度员命令停车，确认故障区域内所有列车的位置。

故障区域站内停留的列车，按电话闭塞法组织发出。

故障区域区间停留的列车，以 RM 或 NRM 模式运行至前方站停车。

行车调度员发布改按电话闭塞法行车的调度命令。

列车在电话闭塞区段运行时，采用 RM 或 NRM 模式运行。

(2) 行车间隔安全控制。

同一个电话闭塞区段同一时间内只允许有一列车占用。发出列车时，应确认电话闭塞区段线路空闲。

(3) 接发列车安全控制。

确认电话闭塞区段线路空闲、接车进路准备妥当，行车凭证由两人检查核对。电话闭塞时，车站应指派站务人员担当接发列车任务。

5. 电话闭塞区段的长度规定

电话闭塞区段的长度，如图 4-6～图 4-8 所示。

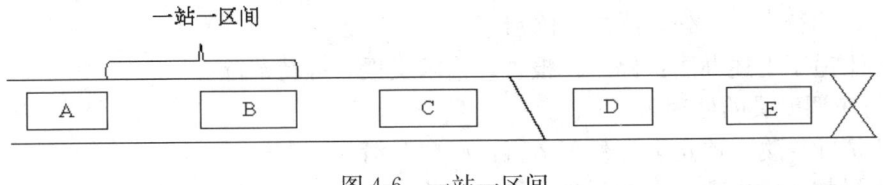

图 4-6　一站一区间

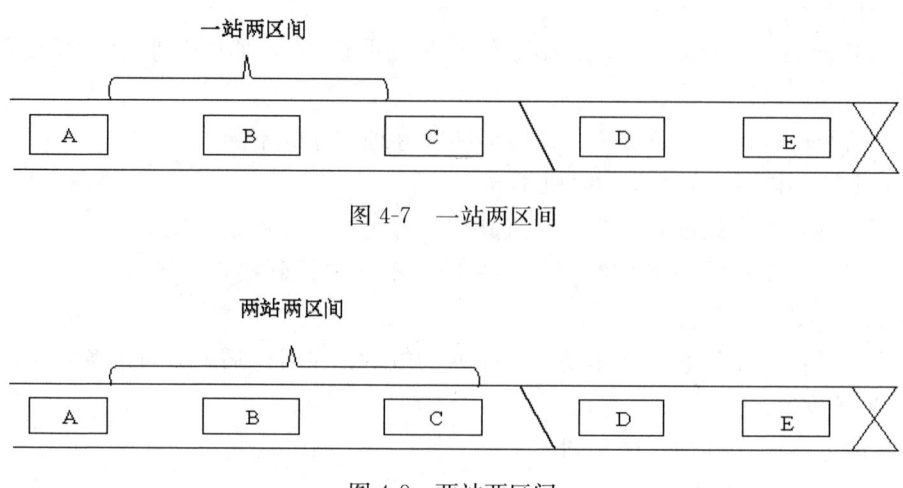

图 4-7 一站两区间

图 4-8 两站两区间

四、车站轨行区作业安全

（一）接触网悬挂异物

异物中轻飘物体主要有小型、轻薄、易熔的塑料袋及较短的丝带类绳带物；较大物体有较大塑料袋、气球以及较长的尼龙、麻绳等相对粗重的绳带物。

接触网示意图，如图 4-9 所示。

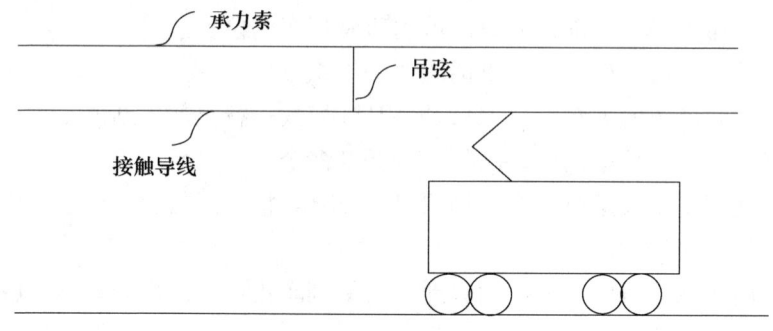

图 4-9 接触网示意

1. 确认报告

(1) 确认：位置，状态，是否影响行车。

(2) 报告：地点，类型，特点，悬挂位置，是否影响行车。

2. 列车运行办法

(1) 不影响行车：报告，正常通过。

(2) 影响行车：报告，降速，降弓滑行。

(3) 不适于上述办法：停车，报告，请求支援，等待清除。

3. 行车调度员的处理

安排清除异物，停止续行列车运行，必要时清客。

清除异物考虑事项：是否断电，派谁清除。

4. 车站的处理

（1）清除接触网异物时机。

区间悬挂：徒步，搭乘列车。

站内悬挂：①未进站，按压紧停按钮防护后清除；②在站停车不影响行车，待列车出站后清除；③在站停车影响行车且位于列车前方，驾驶员停车待令，紧停；④在站停车影响行车且位于列车顶上，列车降弓滑行通过，去除。

（2）绝缘杆检查：牢固，干燥。

（3）清除接触网异物办法。

① 清理前：操作人员穿戴防护用品，使用绝缘杆，一人清理，一人防护。短路轨道电路，不侵入邻线，站稳站牢。

② 清理时：根据异物情况采取不同方式，防止触电。

③ 清理后：清理现场，撤除防护，返回站台，及时汇报。

（二）捡拾物品

查明情况，安抚乘客，报告。

（1）不影响行车时：按行车调度员的安排办理。

（2）影响行车时：按压紧急停车按钮，扣停续行列车，进行防护。拾物人员携带工具备品，疏散围观乘客，隔离屏蔽门，打开屏蔽门，捡拾物品，防止触电

（3）不影响行车但必须立即取回时：行车调度员安排。

（三）道岔清洁涂油

车站范围内道岔归车站管辖，由车站负责日常使用、养护及管理。如果道岔滑床板有污垢，会影响道岔转动或造成尖轨与基本轨不密贴。车站必须定期进行涂油清扫，以保持道岔滑床部分清洁。道岔的清洁涂油通常安排在非运营时间，在车站的控制模式下进行，须取得行车调度员的准许，并进行登记。

1. 安全防护

关闭所有信号灯，监视列车，至少两人作业，一人操作，一人防护；穿戴防护用品，携带备品，来车方向短路轨道电路，进行防护，没人防护，禁止作业。使用卡块使道岔不能移动，以免伤人。

2. 清洁涂油安全

先清洁，再涂油；将一个位置清洁涂油后，取掉卡块后，将道岔操作到另一位置，确认位置正确后，再次放入卡块，清洁涂油。

严禁脚踏行车设施设备，横过线路注意脚下障碍物，不要破坏轨道电缆走线。

3. 撤离现场安全

取出卡块，往返操作测试，擦掉油污，清理现场。撤除防护，清点工具物品，返回销记，交付使用。

任务四　调车作业安全

调车作业是指除列车在正线运行，对车站（车厂）到发以外的一切机车、车辆或列

车进行有目的的移动。在调车作业中发生的事故称为调车作业事故。一般来说，调车作业事故分为撞、脱、挤、溜4种类型，即冲突、脱轨、挤岔、机车车辆溜逸。

一、调车作业事故的常见原因分析

1. 调车作业计划不清或传达不彻底

调车作业计划是信号员、调车组等调车作业相关人员统一的行动计划，如果调车作业计划本身不清，造成调车进路排错，机车车辆进入线路；或调车作业计划传达不彻底，造成信号员及调车司机行动不一致，极易发生事故。

2. 作业前检查不彻底，准备不充分

在调车作业前，必须按规定提前排风，拆解风管，核对计划，确认进路，检查线路、道岔和停留车辆情况，手闸制动时要选闸、试闸，铁鞋制动时要准备足够、良好的铁鞋。

3. 误排进路或未扳、错扳、临时扳动道岔或错误转动道岔

信号员误排进路或未扳、错扳、临时扳动或错误转动道岔，调车员和司机不认真确认信号及道岔位置，极易造成冲突、脱轨和挤岔事故。

4. 调车手信号显示不标准

调车手信号显示不标准有3种情况：①未按规定要求显示信号；②错过了显示信号的时机；③错误地显示信号。上述情况都有可能导致事故的发生。

5. 前端无引导推进运行或推进车辆不试拉

推进作业时，两端无人引导，由于调车司机无法确认线路和停留车情况，极易造成撞车和挤岔事故。推进车辆不试拉，一旦车辆中有假连接，制动或停车时车辆脱钩发生溜逸，也容易发生撞车、脱轨、挤岔或溜逸等事故。

6. 未按规定采取防溜措施

调车作业在线路上停放车辆时，如不按规定采取防溜措施，极易发生车辆溜逸事故，一旦车辆溜逸入区间，后果不堪设想。

二、调车作业安全的基本要求

（一）编制和布置调车作业计划的基本要求

编制调车作业计划必须在确保安全的前提下，充分考虑调车效率，做到有调车机车名称，有编解或摘挂车次，有作业起止时间，有编制人员姓名、日期。一批作业超过3钩或变更计划超过3钩，应使用调车作业通知单。

布置调车作业计划要正确及时。调车领导人要将调车作业计划亲自传达给调车员，调车员亲自传达给参加调车作业的司机。调车员必须确认有关人员均已了解调车作业计划后方可开始作业。

变更调车作业计划时，调车领导人必须停止调车作业，将变更内容重新传达给每一名作业人员，确认无误后方可作业。

（二）调车作业前准备工作的基本要求

认真检查线路、道岔、停留车情况：①检查进行调车作业的线路上有无障碍物；

②检查停留车位置;③检查防溜措施;④检查确认道岔开通位置;⑤检查"道沿"距离,检查确认无误后方可作业。

(三)调车作业指挥及各岗位作业要求

车厂调车工作由车厂调度员集中领导、统一指挥,车厂值班员负责办理接发列车、排列列车进路和调车作业进路控制,调车作业人员应按相关标准和调车作业计划单执行。

(1)车厂调度员岗位作业要求:车厂调度员应根据机车车辆(包括客车,下同)、线路、设备检修计划和现场作业情况,科学、合理地编制调车作业计划,组织调车人员安全、及时地完成调车任务。

(2)调车员岗位作业要求:调车作业由调车员单一指挥,根据调车作业计划单,正确、准时地显示信号,指挥调车司机,并注意行车安全。

(3)调车司机岗位作业要求:调车司机应根据调车员的准确信号、平稳地操纵机车,时刻注意确认信号,不间断地进行瞭望,正确、及时地执行信号显示要求,负责调车作业安全。

(4)车厂值班员岗位作业要求:车厂值班员根据调车作业计划单和现场作业情况、机车车辆停放股道,正确、及时地排列调车进路、开放调车信号,做到随时监控机车车辆运行。

(四)调车作业显示信号的基本要求

部分城市轨道交通企业在车厂内调车作业和正线工程车推进运行时已采用无线调车电台进行现场指挥,正常情况下,使用无线调车电台指挥调车作业及进行调车作业人员相互间的联系,但在该设备发生故障时,则改用手信号指挥调车作业。因此,调车作业人员不但要熟悉信号显示内容,还必须熟练掌握显示方法。显示信号时,应严肃认真,做到位置适当,正确及时,横平竖直,灯正圈圆,角度准确,段落清晰。

(1)正确选择显示信号的位置。调车员应站在既易于瞭望、能确认前方进路,又能使司机看见信号的位置上显示信号。

(2)正确显示连挂信号。在推进车辆连挂作业时,为了使司机及时了解调车车辆与停留车之间的距离,调车员应显示连挂信号和距离信号,以做到平稳连挂。没有显示连挂信号和距离信号不准挂车。调车员显示信号后,没有听到司机鸣示回示信号时,要立即显示停车信号。机车、车组接近被连挂车辆不少于1m时一度停车,确认车钩位置正确后再连挂。确认连挂好后、推动车辆前应指挥司机进行试拉。

(五)调车运行安全的基本要求

车厂值班员正确、及时地排列调车进路、开放调车信号,做到随时监控机车车辆运行。在调车作业中,司机与车厂值班员保持联系,严格执行呼唤制度。对于调车作业,司机要准确掌握速度,在瞭望条件差、天气不良等非常情况下应适当降低速度。在尽头线上调车时,距线路终端应有10m安全距离,遇特殊情况需小于10m时,应与司机联系,严格控制速度并采取防溜措施。在机车、车辆移动中,作业人员禁止有下列行为:在平板车的侧板或端板、支架上坐立;站在车梯上探身过远;在装载易于窜动货物的车辆间和货物空隙间站立或坐卧;骑坐车帮,跨越车辆;进入线路内摘挡或调整钩位;在机车前后端坐立。

调车作业要做到"四禁止"：①设备或障碍物侵入线路设备限界时，禁止调车作业；②禁止提活钩溜放调车作业；③客车转向架液压减振器被拆除但空气弹簧无气时，禁止调车作业；④禁止两组车组或列车同时在同一条股道上相对移动。

（六）车辆停留、防溜及止轮器存放的规定

连接线、牵出线、洗车线、走行线（接发列车时除外）、试车线、咽喉道岔区禁止停放机车车辆。在其他线路存放车辆时，应经车厂调度员同意方可占用。机车车辆应停在线路两端信号机内一侧。工程机车、轨道车停放在带电区时，应在上车顶扶梯处悬挂"高压电禁止爬上"标志牌。

调车作业，应做到摘车时先做好防溜（电客车应恢复气制动和停车制动，工程车拧紧手闸，必要时放置铁鞋）后再摘车；挂车前应首先检查防溜措施状况，确认无误后才能挂车，挂妥后再撤除防溜。铁鞋应统一放置于机车车辆一侧的车轮下，撤除防溜后，铁鞋应及时放归原位。

三、调车作业安全准则

①设置铁鞋防溜时，不拿出铁鞋不动车；②凭自身动力动车时，没有制动不动车；③机车、车辆制动没有缓解不动车；④调车作业目的不清不动车；⑤调车作业没有联控不动车；⑥没有信号或信号不清不动车；⑦道岔开通不正确不动车；⑧侵限、侵物不动车。

【案例引入】

列车连挂时车钩碰撞

某车辆段派列车出库连挂一故障列车时，因位于小半径曲线，自动连挂时钩位未对正，导致车钩碰撞，两车均有不同程度的轻微损伤。

经查，按该车的技术文件要求，在半径小于300m的线路上，列车不得进行自动连挂，而当时列车连挂的线路半径只有150m。

作业人员不了解该车的技术要求，也不了解该处线路半径，没有想到手动调整钩位，以致发生了车钩碰撞。

事故反思：对职工加大培训力度，使调度人员、调车人员和驾驶员等各人员均了解全线列车、线路等设备情况。对曲线、坡道等特殊地段的调车作业，进行安全预想，使作业人员掌握特殊情况的调车作业办法。在特殊地段进行标示，以便调车作业时起到警示和提醒作用。

任务五　行车事故救援

城市轨道交通由于运量大、密度高，一旦发生事故，其后果是不堪设想的，因此城市轨道交通安全的重要性不言而喻。近年来全球城市轨道交通事故不断发生，我国各城市轨道交通也常有事故发生，因此，分析城市轨道交通运营事故的影响因素，制订预防事故相关对策以及突发事故后的救援措施，对改善城市轨道交通运营的安全现状、预防

事故和降低事故损失都具有十分重要的意义。

城市轨道交通运营的安全不仅需要先进的现代化智能设备作为保障，同时必须有系统的安全规章和制度保障。近年来国内外运营事故统计分析表明，人的不安全行为、车辆、轨道、供电、信号故障及社会、气象、地质灾害等是事故的主要因素。

一、常见行车事故分析

（一）人员因素

由于乘客和工作人员不遵守规章制度或者疏忽大意造成的事故时有发生，发生事故后，城市轨道交通工作人员应急处理不当也会使事故后果进一步扩大。

2002年和2003年某城市轨道交通1号线、2号线发生事故的分类统计表明：一般性事故主要因乘客未遵守安全乘车规则造成，而险性事故多是由于工作人员疏忽引发的。人员因素是导致城市轨道交通事故的主要原因，其中包括以下几个方面。

1. 拥挤

在大客流的情况下，站台一般十分拥挤，乘客被挤下轨道的事故时有发生。例如，2001年12月，某城市地铁1号线一名女子在站台上候车，当车驶入站台时，被拥挤人流挤下站台，当场被列车轧死。1999年5月在某国，因地铁车站人员过多，混乱而拥挤，导致54名乘客被踩踏致死。为减少此类事故的发生，地铁公司可以在站台上装设屏蔽门。

2. 不慎落入或故意跳入轨道

因人员跳入运营区间，造成列车延误的事件屡有发生。列车一旦受到影响就不能正点行驶，并需全线调整，势必影响地铁的整体运营。

3. 工作人员处理措施不得当

2003年，在韩国大邱地铁火灾事故中，客车司机和综合调度室人员负有不可推卸的责任。当前方车站已经发生火灾后，另一辆1080号列车仍继续驶入烟雾弥漫的站台，在车站已经断电、列车不能行驶的情况下，司机没有采取任何措施果断疏散乘客，却将车门紧闭，而且仍请示调度该如何处理该紧急情况。行车调度在事故发生5min后，甚至仍然下达"允许1080号车出发"的指令。

（二）设备因素

地铁一般都是采用先进的现代化设备，设备的状态不良等造成的事故时有发生。一般来说，设备因素主要有车辆因素、轨道因素、供电因素和信号系统因素。

1. 车辆因素

（1）列车出轨。2003年1月25日，伦敦地铁一列挂有8节车厢的中央线地铁列车在行经伦敦市中心一地铁站时出轨并撞在隧道墙上，最后3节车厢撞在站台上，32名乘客受轻伤。同年9月，一列慢速行驶的地铁列车在国王十字地铁站出轨，导致地铁停运数小时。

（2）其他车辆因素。2003年3月20日，某地铁3号线闸门自动解锁脱钩故障，停运1个多小时；2002年4月4日，某地铁2号线因机械故障车门无法开启，停运半小时。

2. 轨道因素

2001年5月22日,台北地铁淡水线士林站附近轨道发生裂缝,地铁被迫减速,并改为手动驾驶,10万旅客上班受阻。

3. 供电因素

2003年7月15日某地铁1号线莲花路到莘庄的列车突然停电,被迫停运62min。

经查明,地铁牵引变电站直流开关跳闸,列车蓄电池亏电过量,致使列车无法正常启动。2003年8月28日,英国首都伦敦和英格兰东南部部分地区突然发生重大停电事故,伦敦近2/3地铁停运,大约25万人被困在伦敦地铁中。

4. 信号系统因素

2003年3月17日,某地铁1号线信号控制系统突然发生故障,停运8min;2003年2月14日,某2号线中央控制室自动信号系统发生故障,停运20min。要杜绝此类事故的发生,必须建立健全设备的安全使用制度,定期对设备进行检修,保证设备的良好状态。

(三) 社会灾害

城市轨道交通车站及列车是人流密集的公众聚集场所,一旦发生爆炸、毒气、火灾等突发事件,会造成群死群伤或重大损失,严重地影响社会秩序的稳定。近年来,地铁接连不断发生爆炸、毒气、火灾等社会灾难,如1995年3月20日,日本东京地铁遭受邪教组织"奥姆真理教"施放沙林毒气,导致10余人死亡,5000多人受伤;2003年2月18日,韩国大邱地铁发生的纵火事件造成198人死亡,147人受伤;2004年2月6日,莫斯科地铁发生爆炸,造成多人死伤。

城市轨道交通一旦发生事故,不仅将成为公众舆论的焦点,带来不利的政治影响,而且人员伤亡、车辆损毁带来的经济损失也将十分严重。人的不安全行为是造成事故的主要原因,所造成的事故占事故总数的80%以上,因此,加强对乘客和工作人员的安全教育是安全运营的根本。工作人员要牢记"安全第一"的运营准则,任何时候都不能麻痹大意。在安全管理上,应健全各项规章制度、严肃劳动纪律和作业纪律、建立安全监督管理机构;在设备的选择上,应采用先进的设备及其检测体系,提高技术装备水平,最大限度地减少设备的故障率;同时在日常工作中应该加强对车辆、轨道、供电、信号标志等直接关联到列车安全运行的设备的维护和保养,确保设备的正常工作。

经验和教训告诉人们,事故和灾害是难以根本杜绝的,所以必须重视应急预案的制订和演练。通过演练能增强全员安全生产意识,逐步提高各有关专业和工种的应变能力、协同配合能力和对事故的综合救援能力,达到锻炼员工队伍的目的,同时可以有效减少事故的发生和降低事故损失。

二、行车事故案例

前事不忘,后事之师。以下列举国内部分城市轨道交通系统的一些行车事故案例进行分析,用以吸取教训,避免同类事故的再次发生。

(一) 车辆段调车挤岔事故

1. 事故概况

××××年××月××日11时30分起,某车在6号洗车线进行洗车,12时52分第二次洗车完毕，司机、副司机未与车辆段值班员联系，未确认进段信号机，也未确认道岔，就擅自动车，于12时54分将车辆段4号交分道岔挤坏。信号楼值班员听到挤岔警示后，立即用电台呼叫司机停车，司机紧急停车，列车在越过4号道岔尖轨约30m时停稳，造成挤岔。

接到挤岔报告后，维修工程部立即组织技术人员赶赴现场抢修。经现场检查，更换了一个道岔连接表示杆、两个挤岔销后，15时13分道岔验收合格，恢复正常使用。根据《行车事故管理规则》的相关规定，定性本次事故为一般事故。

2. 原因分析

（1）司机、副司机安全意识不强，动车前未确认信号、进路、道岔，又未与车辆段信号楼的信号值班员联系，是这起事故的主要原因。

（2）当值司机、副司机简化作业程序，未认真执行呼唤应答制度。

（3）信号机（车辆段内唯一一架）设在线路左侧，该司机班未认真确认。

（二）乘客跳轨中断行车事故

1. 事故概况

××××年××月××日16时11分，1302次列车到达××站上行站台正常开门后，站台站务员王××发现有一名约25岁的男乘客从列车尾部最后一个车门下了车，于是就走过去询问乘客有什么事，但乘客没有回答。他又用手提广播询问乘客，该乘客依然不理睬，接着就从南端端墙与列车尾部之间的空隙跳下轨道，并迅速沿上行轨道往前方站跑去。站台学员用对讲机呼叫车控室："有乘客跳轨。"16时14分，行车值班员接报告后立即在LCP盘上按了上、下行线的紧停按钮，同时上行站台站务员、下行站台护卫也都按了站台紧急停车按钮。当时1302次已启动，大约开出1m后值班站长听到有乘客跳下轨道的消息后，立即赶到站台，但没发现轨道上有人。经询问站台学员，了解到乘客已跑进上行线前方旁边的草坪，于是马上呼叫车控室派人送荧光衣及无线电手机到站台，并向行车调度请示下线路寻找跳轨乘客。

16时16分，经行车调度同意，值班站长带同护卫一起下线路寻找（直至上行线隔声墙处），均未发现有人。其后，两人迅速返回车站，并再次确认1302次车底及列车与站台之间情况正常之后，通知车控室线路情况。车控室于16时31分取消上、下行紧急停车按钮，并报告行车调度。16时32分，1302次动车恢复运行。

2. 原因分析

（1）站台站务员没有履行岗位职责，没有严格执行《车务部加强站台安全管理措施》的有关规定管理好站台安全，是此次事故的主要原因。

（2）行车值班员没有加强对闭路监控系统（CCTV）的监控，对站台岗监控不到位，是此次事件的次要原因。事发后，没有及时、全面地了解正确的信息，导致信息滞后；同时，在没有行车调度的要求下，盲目向行车调度申请下线路检查。

（3）值班站长在事件发生后，没有履行好事故处理主任的职责，没有分清工作的主次、抓住事件的处理要点、及时恢复行车，导致上行线中断行车19min。

（4）事件发生后，对事故信息的汇报不详细、不全面。

(三)列车冒进信号险性事故

1. 事故概况

××××年××月××日21时11分,下行1209次列车以列车自动驾驶(ATO)模式到达线路终点站停稳,自动开门后,司机发现显示屏没有列车自动折返符号和AR灯不亮,立即报告行车调度。行车调度即要求到达司机在列车正点开车前提前1min关闭客室门以做好故障的处理和换室的准备。

在列车停稳后,1210次接班司机进入司机室,接着到达司机就通过司机室对讲机通知接班司机,告诉他列车没有自动折返功能并已报行车调度,且行车调度同意提前1min关门和采用RM模式开出车站。21时13分,1210次列车后室司机就按行车调度的要求提前1min关门,待客室门关好后关闭主控钥匙并通知前方驾驶司机,便交班下车。列车关门时,接班司机刘××正在填写车辆状态卡,待后室司机关主控钥匙且过了30s后,刘××才开启本端司机室主控钥匙。当主控钥匙开启时,列车立即出现紧急制动,经按压RM按钮后列车恢复正常状态。在没有确认站务员是否显示"车门关好信号"和SIII信号机显示状态下,于21时13分40秒开车。当列车启动后司机刘××看见前方道岔(W123号)开通下行线才停车。

当时该站值班站长、站务员、行车调度均发现司机臆测动车,行车调度当即呼叫司机,该站按紧急停车按钮。列车停车后已越出该站SIII信号机和压上W123号。

列车司机报行车调度经同意列车后退回1道。21时15分42秒,1210次列车在SIII信号道机显示绿灯后从站开车。

2. 原因分析

(1)当事人刘××安全意识淡薄,没有树立高度的责任感。对信号系统故障情况下的行车,不但没有高度重视,而且精力分散。在没有确认前方进路的前提下,就盲目动车。

(2)当事人刘××在非正常情况驾驶时,思想不集中,盲目动车。

(3)严重违反《行车事故管理规则》中相关条款规定的"司机凭进路防护信号行车"的要求。

(4)严重违反《客车司机手册》中相关条款规定的"启动前,应确认客室门已关好,连锁站确认进路防护信号已开放"的要求。

(5)本次列车冒进信号事故,按照《行车事故管理规则》中相关条款的规定,定性为险性事故。

三、行车事故救援案例

(一)地铁列车侧面冲突事故

某市地铁线路示意,如图4-10所示。

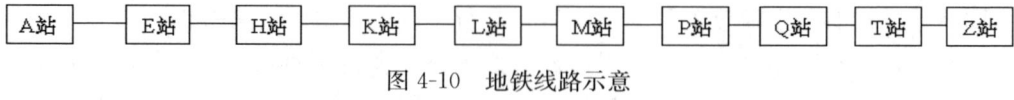

图4-10 地铁线路示意

某日5时50分,该地铁K站至M站间上行线突发接触网断电,导致担当10312次运行任务的 0147 号列车停于区间。行车调度员指示 M 站进入隧道将乘客疏散至车站，并通知维修人员检查抢修接触网。同时进行运行调整，P 站至 Z 站、A 站至 H 站分别按小交路运行，调集 80 辆公交车载 E 站至 P 站实行公交接驳；7 时 06 分，接触网故障基本排除，运营逐步恢复。接触网断电后进行的列车运行调整方案，如图 4-11 所示：

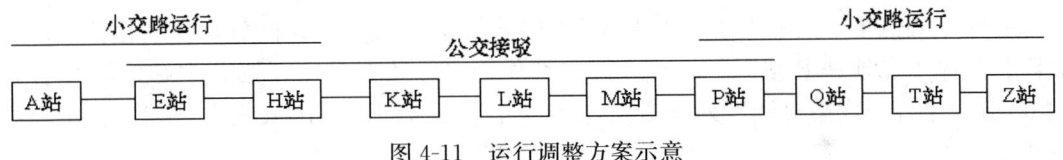

图 4-11　运行调整方案示意

担当 P 站至 Z 站小交路运行的 0117 号列车到达 P 站下行站台，清客后准备站前折返。0117 号列车驾驶员更换驾驶室后，以人工驾驶模式动车，准备进入折返线。此时，0150 号下行列车以自动驾驶模式（ATO）运行，正由 Q 站开往 P 站。以 60.5km/h 的速度运行的 0150 号列车越过区间曲线后，驾驶员发现防护信号机是红灯，而 ATO 模式并无减速迹象。0150 号列车驾驶员立刻紧急制动，1s 后系统也发出制动指令。由于两车相距仅 118m，制动距离不足，0150 号列车冒进信号，于 6 时 54 分以 16.5km/h 的速度与正在折返的 0117 号列车的第 4 节车厢侧面冲突。造成 0150 号列车驾驶室头部受损，第 1 节车厢的第 2 位转向架轮对脱轨。由于 0117 号列车为空车且折返速度低，0150 号列车驾驶员及时施行了紧急制动，没有造成人员伤亡。0117 号列车与 0150 号列车冲突示意，如图 4-12 所示。

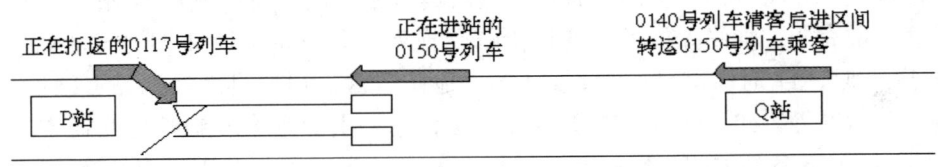

图 4-12　列车冲突示意

事故发生后，在进行事故救援的同时，行车调度员立即重新进行运行调整。A 站至 H 站的小交路维持不变，另一方向的原 P 站至 Z 站改为 T 站至 Z 站，原 E 站至 P 站的公交接驳区段改为 H 站至 T 站，同时安排跟随 0150 号列车运行的 0140 号列车清客后进入事故区间将 0150 号列车上的乘客转运至 Q 站。

0117 号列车于 10 时 11 分驶离事故现场。由于 0150 号列车是 8 编组，载客量大，在隧道内疏散缓慢，直到 11 时左右才转运完毕。

后经调查，这起事故的原因：该地铁线路于 8 年前进行 P 站改造，信号公司的技术人员修改配线图时，N11-1438 区段编码电路配线出错，导致在防护信号机显示红灯的情况下，该轨道区段向 0150 号列车错误地发送了 65km/h 的速度码，从而引发了两列车冲突。

（二）地铁列车追尾事故

2011 年 9 月 27 日 14 时 37 分，某地铁 N 站至 O 站间，两列车发生追尾，事故造成 295 人到医院就诊检查，近百人住院和留院观察，无人员死亡。地铁线路示意，如图 4-13 所示。

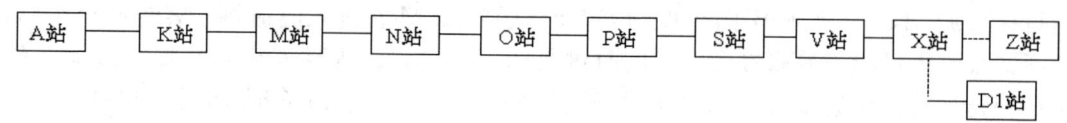

图 4-13 地铁线路示意

维保中心供电公司签发了不停电作业的工作票，经运营公司同意，自动化仪表股份有限公司电工在地铁 P 站进行电缆孔洞封堵作业，导致 P 站（联锁集中站）信号于 13 时 58 分失电，引发中央调度列车自动监控红光带、区间线路区域内车站列车自动监控面板黑屏。

1016 号列车在 N 站以正常驾驶模式出站后，由于信号失电导致列车无速度码，驾驶员根据行车调度员的指示，以限制人工驾驶模式 RM 向 O 站运行。14 时，1016 号列车遇红灯，停于 N 站至 O 站间隧道内，行车调度员命令原地停车待命。

14 时 01 分，行车调度员开始进行列车定位。在未确认故障区段内全部列车位置的情况下，14 时 08 分，行车调度员发布了调度命令，在 M 站至 S 站间上下行采用电话闭塞法行车。

在 1016 号列车仍未出清区间的情况下，N 站与 O 站办理 1005 号列车的电话闭塞手续。O 站值班员未确认后方区间空闲，即同意闭塞。14 时 35 分，1005 号列车持路票从 N 站出发，以 54km/h 的速度运行至曲线处，发现前方停有列车，紧急制动后，仍以 35km/h 的速度与 1016 号列车追尾。

事故发生后，将两列车上的乘客从两头沿隧道分别疏散到 O 站和 N 站，至 15 时 40 分，乘客疏散完毕。维修人员进入隧道抢修受损列车和设备，1016 号列车、1005 号列车分别于 16 时、17 时 55 分驶离事故现场。地铁运营公司通过地铁网站、微博、电视台和地铁显示屏等方式，连续发布事故和救援信息，引导乘客改乘其他交通方式出行。K 站至 V 站的 13 各站关闭，V 站至 Z 站枢纽、A 站至 K 站，分别采取小交路运行。共有 60 辆公交车在 A 站至 K 站、K 站至 V 站进行公交接驳，同时地铁沿线 40 条公交线路，增派 200 辆公交车辆。

☞ **项目小结**

轨道交通运输的产品是乘客的位移，实现位移的必要手段为列车运行，通常把列车的组织和运行工作统称为行车工作。城市轨道交通行车组织是指综合运用城市轨道交通的技术装备，组织旅客乘降，把旅客安全、准时地送达目的地，这样的运输组织过程称作城市轨道交通行车组织。行车安全是城市轨道交通运营安全的核心部分。

行车安全一般是指城市轨道交通列车在运送乘客的过程中对行车人员、行车设备以及乘客产生作用和影响的安全。行车安全工作包括行车调度安全、车站作业安全、列车驾驶安全、调车作业安全等。凡在行车工作中，因违反规章制度、违反劳动纪律或因技术设备不良及其他原因造成人员伤亡、设备损坏、影响正常行车或危害行车安全的，均构成行车事故。事故按其性质、损失及对行车造成的影响，分为重大事故、大事故、险性事故、一般事故。行车事故的通报及调查处理要坚持报告制度，并按程序处理。

行车调度工作是城市轨道交通系统的核心，直接影响行车安全及运输质量。城市轨道交通的行车调度工作由调度控制中心实施，实行高度统一指挥，以使各个环节紧密配合，协调工作，保证列车安全、正点运行。

列车驾驶安全是整个城市轨道交通行车安全工作的关键环节之一，是把好行车安全的最后一道关口。

车站的行车组织工作是在调度统一指挥下，合理运用车站的各项技术设备，负责车站行车控制指挥、施工及其他作业。接发列车是城市轨道交通行车工作中最重要的环节之一，接发列车的作业安全直接关系城市轨道交通的行车安全，因此，所有参与接发列车的作业人员，均应以高度的工作责任感认真履行岗位职责，严格执行规章规范，保证接发列车作业安全。

调车作业是指除列车在正线运行，对车站（车厂）到发以外的一切机车、车辆或列车进行有目的的移动，在调车作业中发生的事故称为调车事故。一般来说，调车作业惯性事故分为撞、脱、挤、溜4种类型，即冲突、脱轨、挤岔、机车车辆溜逸。

项目五　客运安全管理

☞ **知识目标**

1. 了解保障客运职工安全的手段和措施；
2. 了解培养乘客安全意识的方式方法；
3. 掌握票务设施、设备的安全技术要求；
4. 了解突发事件的含义、分级等。

☞ **能力目标**

1. 掌握保证客运职工安全的方式、方法；
2. 能够对乘客进行安全注意事项讲解，对乘客进行安全意识培训；
3. 在突发事件发生时能够按照处置流程迅速进行相应岗位的处置。

☞ **思政目标**

1. 树立学生岗位责任感，培养学生职业道德意识；
2. 培养学生遵守安全生产规章制度的意识理念；
3. 培养学生集体观念，以及团队精神。

【项目导入】

地铁有必要为职工引入心理咨询

随着地铁线路不断延伸、客流不断增长，安全运营、优质服务与快节奏工作等各方面的要求越来越高，不少地铁线路实际上已经是满负荷甚至超负荷运转，无形中使地铁从业人员感到压力重重。

2012年12月4日8时30分左右，某市一列3号线列车到达Z站下客后准备关门时，一名40岁左右的男子急匆匆地从车厢里跑出来，下车后情绪激动，突然向附近正在站台工作的一位女站务员挥拳，拳头打在其左眼上。由于事发前女站务员和该男子无任何语言交流和肢体接触，包括被打员工在内的所以人均不知道什么原因，直到工作人员增援现场时才了解到，该男子可能因为车厢拥挤，差点下不了车而情绪激动，故而指责、继而向工作人员发泄。事发后，该男子被迅速赶到的地铁公安人员带至警务室接受调查处理，至12时45分左右，公安处理完毕，打人男子向女站务员书面道歉，并赔偿1500元。

想一想：如何使车站员工的安全更好地得到保障？

在城市轨道交通系统在"安全第一"的思想指导下，不仅设施、设备要保证乘客人身、财产安全,还要充分考虑人(乘客和职工)的因素,发挥其主观能动性,制订各种突发事件应急处理预案。

应该遵循"安全第一、预防为主,综合治理"的方针。

客运安全管理主要包括客运职工安全管理、乘客安全管理、客运票务安全管理等内容。

任务一 客运职工安全管理

一、客运职工安全教育

通过学校教育、媒体宣传、政策导向来提高职工安全意识和素质,养成从安全角度观察、理解所从事的活动和形势并能够利用安全观点解释、处理新问题。

通过客运职工安全培训来提高职工安全技术水平及防范事故的能力。

(一)安全教育的意义

安全教育是事故预防与控制的重要手段之一,是国家法律法规的要求,同时也是企业正常运营需要。安全管理有助于企业更好地发展壮大、适应人员结构变化、发展、弘扬企业安全文化,进而使企业安全生产向广度和深度发展。

(二)安全教育的内容

1. 安全思想教育

对职工进行安全思想教育是安全教育的重点所在。

2. 安全知识教育

安全知识教育包括安全生产技术知识教育和安全管理知识教育,目的是解决职工应知的问题。

3. 安全技能教育

安全技能教育是通过对作业人员进行长期、反复训练及本人实践,把所学到的安全知识转化为动手能力的过程,其主要是解决职工应会的问题。

4. 事故应急处理教育

通过教育能有效地防止事故损失扩大,为企业处理事故和迅速恢复正常运输秩序创造有利条件。

(三)安全教育的形式

(1)广告式:包括安全广告、标语、宣传画、标志、展览、黑板报等,要求语言精练、方式醒目。

(2)演讲式:包括教学、讲座、经验介绍、现身说法、演讲比赛、系统教学、专题论证、讨论等,可以帮助职工丰富安全知识、提高重视程度。

(3)会议讨论式:包括事故现场分析会、班前班后会、专题研讨会等,开展自我教育、自我反省。

（4）竞赛式：包括口头、笔头知识竞赛；安全、消防技能竞赛；安全教育活动评比等，可以激发职工积极性，学安全、懂安全、会安全，树立"安全第一"思想，丰富安全知识，掌握安全技能。

（5）声像式：包括广播、电影、电视、录像，以寓教于乐的形式加深安全意识。

（6）文艺演出式：包括相声、小品、话剧等。

（7）学校正规教学：在大学、高职、中专、技校开办专业、开设课程。

二、客运职工安全管理要求

（一）上岗安全要求

时刻牢记，安全第一；坚守岗位，遵章守纪；当班期间，专心致志，履行本岗职责；遵守安全规程，保证安全作业；牢记应急程序，发现异常，立即按程序处理。

（二）日常安全注意事项

注意警示标志，谨防意外；注意地面状况，谨防滑倒；注意高空坠物，谨防砸伤；注意扶梯运作，谨防夹伤；注意设备异常，谨防发生事故；通过道口，注意"一站、二看、三通过"；线路附近，注意不准舞动绿色、黄色、红色物品。

（三）日常工作严禁事项

（1）严禁擅自进入行车重地和主要设备场所。
（2）严禁擅自触动非本人操作的设备、电闸等。
（3）严禁携带易燃、易爆和剧毒等危险物品进站、上车。
（4）严禁在车辆行驶中上、下车。
（5）严禁擅自移动、改换、拆除防护装置和警示标志。
（6）严禁在地铁限界内坐卧、休息和吸烟。
（7）严禁钻车、爬车和跳车。
（8）严禁攀登机车、车辆。
（9）顺着线路走时，严禁脚踏钢轨面和道岔尖轨。

（四）从业人员的安全须知

1. 遵守安全生产规章制度

遵守安全生产规章制度，做到"我不伤害自己；我不伤害他人；我不被他人伤害"；他人可能受到伤害时，及时提醒或制止。

2. 正确佩戴使用劳动防护用品

劳动防护用品包括：①头部防护用品；②眼面防护用品；③听力防护用品；④呼吸防护用品；⑤手臂防护用品；⑥躯体防护用品；⑦足腿防护用品；⑧坠落防护用品；⑨皮肤防护用品；⑩其他防护用品。

劳动防护用品示意，如图5-1所示。

图 5-1 劳动防护用品示意

(五) 消防安全注意事项

严禁在易燃易爆品处动火；严禁随意移动消防器材和阻碍使用；不准随意使用消防水；发现火灾，立即报警；发生火灾，有义务组织引导乘客逃生；熟练掌握灭火器材使用方法，会扑救初起火灾；懂得本岗位火灾危险性，懂得预防火灾措施，懂得扑救火灾的方法（隔离法、窒息法、冷却法、抑制法）。

(六) 当班工作的要求

班前要充分休息，班前、班中禁止饮酒；当班时要精神饱满、高度集中，对发生的异常情况能及时应对；主动提醒乘客安全候车，礼貌疏导客流，及时制止乘客的违章行为；遇到影响乘客安全或车站服务的情况时，应立即采取相应的行动；宽容大度、与人为善，预防和避免与乘客发生服务冲突。

三、加强客运职工职业道德教育

首先，加强客运职工职业道德建设有助于不断提高城市轨道交通员工队伍的整体素质，促进城市轨道交通行业的发展。

其次，加强客运职工职业道德教育有助于推动城市轨道交通行业安全文化建设，促进安全生产。

再次，加强客运职工职业道德教育有助于创新服务理念，增强服务意识，提高服务质量和水平，预防意外发生，保障乘客安全。

最后，加强客运职工职业道德教育有助于培育良好的行业风气，促进行业企业内部人际关系的和谐。

四、注重客运职工心理健康

(一) 心理健康衡量标准

心理健康的衡量标准包括：①智力正常；②情绪健康；③意志健全；④人格完整；⑤自我评价正确；⑥人际关系和谐；⑦社会适应正常。

(二) 自我调整

(1) 缓解压力：①学会换位思考，学会多角度、全方位看问题；②学会宣泄，一吐为快；③接受帮助；④学会放松，降低生活期望值；⑤学会专注，不要同时做几件事；⑥积极进行体育锻炼，从而放松身心，缓解紧张情绪；⑦良好的作息习惯，积极的生活态度，把工作看成乐趣；⑧学会通过分散注意力、自我暗示等方式来减压。

(2) 克服焦虑：①评估；②理解；③再估；④巩固。

(3) 愉悦心理。

(4) 调适性格。

(5) 人际关系：①面对乘客：运用礼貌用语和礼仪手势，争取乘客支持；②面对领导：不抱怨、不赌气，理解和换位思考，改正不足；③面对同事：提升自我素养，与同事和谐相处。

任务二　乘客安全管理

一、培养乘客安全意识

（一）安全教育的内容

安全教育的内容包括：①认识导向标志、警示标志及车站疏散路线通道；②自动扶梯乘坐注意事项；③进站、乘车携带物品规定；④站台候车安全注意事项；⑤上、下车安全注意事项；⑥在车厢内乘车安全注意事项；⑦发生停电、火灾和爆炸等突发事件时的安全疏散事项；⑧急救电话。

（二）安全教育的手段

安全教育的手段包括：①印制和发放安全宣传手册，张贴宣传画；②播放安全教育视频资料（驾校考场）；③广播安全常识；④厅巡、站台安全员等工作人员口头提醒；⑤对违反城市轨道交通运营管理规定的乘客进行惩处。

二、乘客安全处理

（一）客伤处置

客伤一般是指乘客在车站或者列车上，身体某部位受到伤害，或者突发疾病。车站针对此部分乘客采取的措施即客伤处置。

1. 乘客人身伤害范围

乘客自验票进入闸机时起至收票出闸机时止，在运输期间发生的乘客人身伤害，根据具体情况确定是否需要由城市轨道交通公司承担运输责任。

2. 客伤处置原则

(1) 维护城市轨道交通公司形象，给予乘客必要的救助。

(2) 第一时间取证，充分留下原始资料。

(3) 及时将处置结果报告相关部门。

3. 客伤处置办法

（1）客伤处置指引。

①设法尽快通知乘客家人；②列车上乘客受伤或突发疾病时，由车站人员上车将乘客扶（抬）到站台处理；③寻找目击证人；④简单包扎乘客明显外伤，治疗交医护人员；⑤受伤乘客影响列车运行安全时，立即扣停列车或采取措施防止其他列车进入影响范围；⑥因为设备造成事故，立即停止该设备的运作（影响列车运行的设备除外），并报告车站控制室；⑦根据实际情况派人陪同去医院。

（2）相关岗位作业：站务员。

①报告车站控制室，赶赴现场，了解伤（病）者情况及初步原因；②如因设备造成事故，应立即停止该设备使用（影响列车运行的设备除外），并报告车站控制室；③维护现场秩序，疏散围观乘客，寻找目击证人；④需要时，协助对乘客外伤进行简单的包扎处理；⑤如调查需要保护好现场，协助设置隔离带；⑥必要时，到紧急出入口引导急救人员进站；⑦必要时，陪同乘客去医院治疗；⑧必要时，协助进行事故调查。

【知识链接】

地铁现场紧急救护原则

地铁现场紧急救护原则包括：①先排险后施救；②先重伤后轻伤；③先复苏后固定；④先止血后包扎；⑤急救与呼救并重。

（二）乘客争斗处理

乘客争斗是指在城市轨道交通公司范围内乘客相互之间由于某种原因发生口角、肢体冲突等摩擦事件。

（1）迅速赶赴现场。

（2）隔离双方，劝解制止，了解原因，做好记录。

（3）疏散围观乘客，恢复正常秩序。

（4）必要时，通知值班站长或客运值班员到现场，并通知公安到场，移交公安部门处理。

（5）必要时寻找目击证人，收集资料，协助调查。

（6）争斗造成损失的可要求其赔偿。

（三）饮酒乘客处理

1. 饮酒乘客的界定

饮酒乘客可分为轻度饮酒乘客和重度饮酒乘客。

2. 遇有陪同人的饮酒乘客乘车的处理

（1）陪同人向车站人员提出帮助请求时，站务员及时与乘客陪同人沟通，注意自身的语速语态，将乘车注意事项告之陪同人。

若醉酒乘客及陪同人有过激行为时，联系值班站长或车站值班员，由其通知派出所或拨打110报警电话。

（2）陪同人未向车站人员提出帮助请求时，各岗位工作人员应严格按照岗位作业标准执行各项服务工作，在指引乘客购票、进站、乘车和出站时，注意自身的语速、语态，避免与乘客产生摩擦。

3. 遇无陪同人的饮酒乘客乘车的处理

1) 轻度饮酒乘客乘车

（1）售票人员：语速放慢，使用标准用语、态度谦和，注意服务忌语，问清楚乘客所要到达的目的车站，将所找零钱、车票递至乘客手中。

（2）站厅站务员：注意语速语态、服务忌语、肢体动作；若有需要帮其顺利检票进站；饮酒乘客通过闸机后上站台前，及时告知站台站务员加强监护。

（3）站台站务员：收到站厅站务员通知后，加强站台巡视，监护其行为，直至上车；在监护饮酒乘客候车时，为其提供服务时应语言简练、态度温和。

2) 无购票能力的醉酒乘客乘车

（1）售票人员：若乘客不能明确回答所要到达的目的车站且神志不清，联系站厅站务员将其暂时带离售票口，以免影响其他乘客购票，并及时报告值班站长或车站值班员，待乘客神志清醒后，由站厅站务员引导至售票口再予以售票。

（2）站厅站务员：接到售票人员通知有醉酒乘客不能顺利购票时，则应立即赶往客服中心，与乘客进行沟通。如乘客坚持乘车时，带到不影响其他乘客购票的地方休息，待该乘客神志清醒后陪同其购票；并报告值班站长或车站值班员。必要时，联系公安部门协助处理。

（3）值班站长或车站值班员：接到醉酒乘客的信息后，应关注醉酒乘客的动向；安排站务员对醉酒乘客监护；接到监护人员报告醉酒乘客状态异常时，应立即联系当地公安部门、120 急救中心协助处理与救助。

（4）监护人员：由值班站长或值班员指派临时担任监护人员的站务员，发现其身体状况异常时，立即报告值班站长或车站值班员处理。

3) 醉酒乘客在站厅（站台）酒醉不醒

（1）站务员：发现此类醉酒乘客时，应立即报告值班站长或车站值班员。疏散围观乘客，根据值班站长或值班员安排，在监护过程中，醉酒乘客如有任何异常情况应及时报告处理。必要时，到车站出入口引导 120 急救中心人员进站。

（2）值班站长或车站值班员：接到站务员报告有醉酒乘客酒醉不醒时，问清该名乘客所在位置后，立即赶往现场查看；安排一至两名站务员，对该名乘客进行监护。必要时，通知车站派出所告之车站所发生的事件。若该乘客长时间神志不清、醉酒不醒或根据乘客要求，则拨打 120 急救电话求助，并告之车站具体位置及乘客具体情况。

4) 醉酒乘客有跳路轨、破坏站内设备等行为

（1）站务员：若醉酒乘客在站台有过激行为，如跳路轨、破坏设备设施等行为，则应立即采取相应紧急措施（如按动紧急停车按钮等措施），并报告值班站长或车站值班员；疏散围观乘客，加强对该名乘客的监护，寻找目击证人。

（2）值班站长或车站值班员：当接到站务员通知有醉酒乘客有跳路轨、破坏站内设备等行为时，问清该名乘客所在位置后，立即赶往现场；通知车站派出所告之车站所发生的事件；安排两名或两名以上站务员制止该名乘客的违法行为，同时将此乘客引导至不影响其他乘客乘车的地方进行监护；寻找目击证人，搜集相关资料。若影响行车时，则联系控制中心说明车站情况。

5) 在终点站发现醉酒乘客

(1) 站台站务员：列车在终点站清客时发现醉酒乘客，应立即叫醒该乘客让其下车。若醉酒乘客神志不清或醉酒不醒，坚持不下车，站台站务员应立即通知值班站长或车站值班员；根据值班站长或车站值班员安排，清客站务员负责监护该名乘客进折返线，在此期间应继续与乘客沟通，力图叫醒醉酒乘客。列车折返后，与接应站务员一同将醉酒乘客引导出站，如乘客无行走能力，可利用站内担架将乘客抬下车至车站办公区域内安全地点进行监护，保证列车的正常运营。

(2) 值班站长或车站值班员：接到站台站务员发现醉酒乘客通知后，立即根据情况加派站务员到站台进行支援；及时赶往现场，组织安排人员使醉酒乘客下车；实时监控列车运行，及时与控制中心进行有效沟通，以保证车站行车作业。

必要时，将神志不清、坚持不下车且有过激行为的醉酒乘客安排下车后，立即联系车站派出所、120急救中心协助处理与救助。在当地公安、120急救中心人员到达前，安排专人对其进行监护。

(四) 乘客落轨处理

1. 乘客落轨后迅速返回站台

(1) 站务员。发现有乘客落轨后，迅速按下站台上距离自己最近的紧急停车按钮，同时通知车站控制室；劝说并帮助落轨乘客迅速返回站台；乘客返回站台后，将其带到安全地区，并及时通知车站控制室。

(2) 值班员。当得到站务员的通知或者从视频监控系统（CCTV）中发现有乘客落轨时，迅速按下车站控制室内紧急停车按钮；立即向值班站长和行车调度员报告；密切监视事件的发展；待站务员汇报乘客返回站台后，向值班站长及行车调度员进行报告；记录好事件处理的全过程。

(3) 值班站长。得到信息后，迅速赶往事发现场；在乘客返回站台后，对其进行说服教育工作，并征询派出所的处理意见；向站长、行车调度员进行汇报。

(4) 行车调度员。得到信息后立即采取措施，防止其他列车进入受影响的区域，同时提醒车站人员切实按下紧急停车按钮；迅速通知调度值班主任；通知派出所；在值班站长报告事件处理完毕后，检查、确定是否具备行车条件，组织相关部门恢复行车。

2. 乘客落轨后跑向区间

(1) 站务员。迅速按下站台上最近的紧急停车按钮，通知控制室，并对其警告；通知值班员和值班站长乘客落轨的股道、跑动方向、与站台的距离等；维护站台乘车候车秩序，听从值班站长安排，处理好事件。

(2) 值班员。得到站务员通知或者从视频监控系统（CCTV）中发现后，迅速按下车站控制室内的紧急停车按钮；通知行车调度员和值班站长，监视事件发展；通知站台站务员立刻扣停发往该区间的列车，通知区间另一侧车站；通过广播疏散事故发生地周围乘客；根据值班站长指示，通知站长、派出所等；随时报告行车调度员事件进展，并将行车调度员的信息传达至相关人员；记录好事件处理全过程。

(3) 值班站长。迅速前往事发现场；通知联系值班员派出所，告知站长；通知站厅站务员控制进站客流，组织站台站务员维护好候车秩序；公安人员不能及时到达时，向行车调度员申请下路轨，待线路防护好，穿好荧光衣，携带对讲机、手电筒等带领站务员跟踪落轨人员，监视其动向并劝说其返回站台；公安人员到达后，配合公安人员处理；指派站台站务员寻找目击证人，协助调查事件处理完毕，检查现场情况正常、确认线路出清后，向行车调度员报告，申请恢复行车，并及时报告站长。

（4）行车调度员。得到信息后立即采取措施，防止其他列车进入受影响区域，提醒车站人员切实按下紧急停车按钮；通知调度值班主任、派出所等；得到事件处理完毕的报告后，检查、确定是否具备行车条件，组织相关部恢复行车。

3. 乘客落轨后导致身体受伤、无法返回站台

（1）站务员。迅速按下站台上最近的紧急停车按钮，通知车站控制室，通知值班员和值班站长乘客落轨的位置、受伤情况等；维护站台乘车候车秩序，听从值班站长安排，处理好事件。

（2）值班员。得到站务员通知或者从视频监控系统（CCTV）中发现后，迅速按下车站控制室内的紧急停车按钮；通知行车调度员和值班站长，监视事件发展；通过广播疏散事故发生地周围乘客；根据值班站长指示，通知站长、派出所等；随时报告行车调度员事件进展，并将行车调度员的信息传达至相关人员；记录好事件处理全过程。

（3）值班站长。得到信息后，迅速前往事发现场，通知车站值班员联系与派出所、120急救中心，告知站长；通知站厅各岗位控制进站客流，组织站台站务员维护好乘客候车秩序，安排人员到车站入口接120急救中心；确认已扣停后续列车并得到行车调度员批准后，组织人员将受伤乘客救上站台，交120急救人员处理；配合公安人员及救护人员；指派站台站务员寻找现场目击证人，协助事件调查。事件处理完毕，在检查现场情况正常、确认线路出清后，向行车调度员报告，申请恢复行车，及时报告站长。

（4）行车调度员。得到信息后立即采取措施，防止其他列车进入受影响的区域，同时提醒车站人员切实按下紧急停车按钮；迅速通知调度值班主任；通知派出所和120急救中心；在值班站长报告事件处理完毕后，检查、确认是否具备行车条件，组织相关部门恢复行车。

任务三　客运票务安全管理

【案例引入】

地铁站进出站闸机齐"罢工"

2012年6月6日18时50分左右，某市B地铁站进出站闸机突然发生故障，致使大量乘客一度被困站内。

事发时，市民曾先生从B地铁站出地铁站，走下楼梯时，发现车站内挤满了人，出站闸机前排起了长龙，现场有人情绪激动。工作人员前来检查后发现，B地铁站所有出口处的闸机同时发生故障，无论是通卡还是单程票，都无法通过闸机。有乘客想要跨过闸机出站，但被工作人员阻止。与此同时，地铁站进站闸机也发生故障，无法刷卡进

站。随即，地铁工作人员赶来，组织滞留乘客从客服中心旁的临时出入口通过人工检票方式进出站。由于列车不停地进站，导致滞留乘客越聚越多，至19时10分左右，第一批滞留乘客才完全出站。

经过抢修，所有闸机在当天20时04分恢复正常，B地铁站重新恢复工作。

一、AFC设备故障

（一）一个进站或出站闸机故障

1. 应急处理流程

（1）在故障闸机前设置"暂停服务"标志牌，引导乘客从设备良好的闸机进出站。

（2）由于闸机卡票等原因，可由站务员进行应急处理。

（3）其他原因造成闸机设备故障，应及时报告值班站长。

（4）值班站长在接到报告后，立即与AFC维修人员联系抢修，并到达现场，进行乘客的疏导工作。

2. 闸机（GATE）常见故障及排除方法

闸机（GATE）常见的故障主要有死机（暂停服务）和回收机构卡单程票。闸机（GATE）出现故障时，打开维护门，用相应的操作员号码和密码登录后根据故障情况予以排除。

发生死机（暂停服务）故障时，重启，无效时关闭电源再打开，仍不正常时报请专业人员维修。

发生回收机构卡单程票时，对回收机构进行自检，无效时报请专业人员维修。

（二）全部进出站闸机故障

（1）当车站发现或接报全部进站闸机无法使用时，值班员或值班站长应立即到现场检查确认，并报告行车调度员、车站站长以及相关部门。报告内容包括报告时间、报告车站、报告人、具体设备故障（进闸系统）、启动预案或措施、行车调度员姓名和预计设备具体恢复时间等。

（2）确认后，在故障进站闸机前设置"暂停服务"标志牌及隔离带，值班站长应及时与自动售检票系统（AFC）维修人员联系进行设备抢修。

（3）车站应做好对乘客的相关解释工作，及时开启边门，派人引导持票乘客从边门进闸，进行人工检票进站，并告知乘客在出站时需到客服中心进行车票处理。

（4）待故障修复后，撤除"暂停服务"标志牌及隔离带，关闭边门，引导乘客从进站闸机检票进站。

（5）值班站长应联系车站控制室进行相关内容的广播。

（三）TVM故障

1. 应急处理流程

（1）当车站发现或接到全部自动售票机（TVM）故障报告时，经值班站长或值班员到现场进行确认后，应立即给各售票窗口配备预制单程票进行出售或通过票务处理机（BOM）出售单程票。

（2）在自动售票机前设置"暂停服务"标志牌，引导乘客到客服中心售票窗口购票，并维持好乘客购票秩序。

（3）当现有窗口售票能力不能满足需要时，及时启用临时售票亭。

（4）监控车站各售票窗口的售票速度，自动售票设备仍未修复而预制单程票的存量仅能维持售卖 2h，车站要及时联系票务部门申请配发预制单程票。

（5）向票务设备维修部门报告故障，维修人员到达后派人配合其工作。

（6）故障修复排除后，撤除自动售票设备前的"暂停服务"标志牌，引导乘客到自动售票机（TVM）自助购票，各相关岗位恢复正常工作。

2. 自动售票机（TVM）常见故障及排除方法

（1）发生卡纸币故障时，拉出纸币识别单元，取出被夹纸币后再合拢。

（2）发生卡硬币故障时，如果卡在鉴币入口处，使硬币退到找零口；如果卡在传送带处或导币槽内，使硬币进入小回收盒；如果卡在循环找零转盘入口处，打开导币槽保护罩，直接取出硬币。

（3）发生卡单程票故障时，夹在出票漏斗处，打开漏斗取出被夹的票；夹在电磁铁闸口处，使票进入废票箱或出票口；夹在出票口或金属通道衔接处，拉出票箱控制单元取出被夹的票；夹在出票找零口，由后续乘客买票或找零时带出，不能带出时用镊子夹出。

（4）发生死机可暂停服务故障时，重启，无效时关闭电源再打开，仍不正常时报请专业人员维修。

（5）当硬币回收箱不能推到位时，将箱盖内的复位销拔到上位。

（6）当纸币钱箱不能上锁时，打开纸币钱箱侧盖再锁上。

二、客服中心报警器

1）客服中心报警器的功能。控制按钮安装在客服中心售票桌下，售票员遇紧急情况按下控制按钮，报警器发出声光报警。

2）每日检测设备。每天开站前，票务人员应对报警器测试，发现报警器故障及时报告值班站长及维修人员。

3）售票员遇客服中心失火或冒烟、发生歹徒抢劫或恐吓事件等紧急事况可启动客服中心报警器召唤支援。

4）各员工的职责。

（1）站务员。

①发现报警器鸣响后前往支援，报告车站控制室、值班站长。

②协助具有售票资格的站务员现场处理，引导疏散乘客。

③根据安排设置隔离带，维持现场秩序。

（2）值班站长。

①接到报告赶赴现场，视情况拨打 119、110、120 等电话。

②安排通过广播做好客流控制和引导，安排人员疏导乘客。

③指示具有售票资格的站务员安全处理票款，安排人员替班。

④通知站长和相关部门，保护现场，配合上级部门调查处理。

☞ **项目小结**

　　轨道交通客运安全是最重要的,而在保证客运安全的过程中,客运职工是否存在违规操作、是否遵章守纪、是否心理状态正常;乘客是否遵守相关规章条例、是否存在不安全行为等都对城市轨道客运安全有着重要的影响,所以本项目主要从客运职工和乘客两个角度进行了阐述。

　　车站发生客伤及醉酒等事件时,是否能第一时间按流程进行应急处置,对车站的客运安全来说尤为关键。

项目六　城市轨道交通施工安全管理

☞ **知识目标**

1. 了解施工作业的概念及分类；
2. 了解施工计划的种类及对施工的作用；
3. 掌握施工作业的安全须知及需求；

☞ **能力目标**

1. 能够执行施工请点、销点作业；
2. 能够按照施工计划及施工种类做出正确的安全防护措施。

☞ **思政目标**

1. 树立学生岗位责任感，培养学生职业道德意识；
2. 培养学生遵守安全生产规章制度的意识理念；
3. 培养学生集体观念，以及团队精神。

【项目导入】

广州地铁施工区域坍塌

2019年12月1日上午，广州地铁11号线沙河站施工区域出现路面塌陷，一辆清污车和一部电瓶车陷入，事发后，该路段实行交通管制，相关单位前往现场组织抢险。

喻女士的丈夫和公公是清污车上的人员，她告诉澎湃新闻，她在救援现场外等待丈夫和公公的消息，现在在与相关领导交涉，希望能进入救援现场。喻女士说，她是12月1日11时许接到电话通知的，对方在电话里称其丈夫和公公开清污车经过事发地段时被困。

"现在我丈夫和公公都是被困失联的状态。我和我丈夫有个女儿才满月，我们本来计划年底结婚办酒。"喻女士告诉澎湃新闻，她带着刚满月的女儿到丈夫这里才待了两天，就发生前述事故。现在她在救援现场外等待丈夫和公公的消息。

被困父子中儿子的姑父伍先生告诉澎湃新闻，他们老家都是湖南省邵阳市的，被困的父亲51岁，儿子26岁，10多年前过来广州打工，清洁车所属公司是被困父亲开的，其儿子也在该公司帮忙。喻女士几天前带着女儿从湖南老家来广州。

伍先生说，现在被困者家属和老乡都在现场等待。

12月1日15时30分，广州地铁官方微博发布称，因塌陷区已被水体覆盖，且有土体塌落，给救援工作带来极大困难，为避免塌陷区域进一步扩大，现正进行局部回填。

12月2日6时许，广州地铁官方微博发布，截至12月2日凌晨5时，市应急指挥部指挥协调各有关单位已投入应急救援人员1100多人、各类应急救援车辆192辆，全力做好抢险救援各项工作。①在塌陷区域安装钢护筒，形成救援通道，向地下探挖搜寻被困人员。②组织对广州大道北高架桥进行专项检测。经专业机构检测论证，桥梁状况安全，计划于12月2日7时前恢复通行。③组织对塌坑周边进行围蔽，减少对周边群众的影响。④持续动态监测周边水、电、气、通信等设施及房屋、道路、桥梁，防止发生次生灾害。

从上述案例可以看出施工安全管理的重要性，特别是对城市轨道交通影响重大。本项目重点讲述运营期间施工安全管理的相关内容。

城市轨道交通工程施工主要包括地下车站施工、高架车站施工、区间隧道施工、区间高架桥施工、轨道结构施工及机电设备安装施工等多种项目的施工。行车的安全，在很大程度上取决于施工安全。做好施工安全工作，确保行车设备、设施维修保养符合技术要求，才能使城市轨道交通顺利开展运营。一旦施工安全出问题，将会给人民生命财产造成损害，给国家和企业财产造成严重损失，使城市轨道交通运输的秩序紊乱，严重影响乘客出行。因此，要高度重视施工安全工作，为城市轨道交通的安全运营打下良好的基础。

任务一　施工计划管理

施工是轨道交通系统生产活动的重要组成部分，行车调度部门既要按照批准的施工计划，保证设备维修更换、线路扩建工程等夜间施工任务的顺利完成，又要保证次日运输生产能正常运行。为科学有效地组织施工，提高维修、施工的效率，保证设备维修质量，确保维修和施工的安全，必须加强施工的计划性，要成立有效的施工管理组织，加强对维修、施工作业的管理。其主要内容有组织对工程施工方案进行审核；协调各单位的作业计划，处理作业计划变更事宜，跟进作业计划实施情况；编制、发布施工行车计划；组织对工程质量进行检查和验收；组织对外单位人员进行轨道施工安全培训；定期对施工工作的开展情况进行分析、总结，并有针对性地改进工作。

一、施工计划的分类

以国内部分城市轨道交通系统为例，施工计划可以按时间分类，也可以按施工作业地点和性质不同分类。

（一）按时间分类

施工计划按时间可分为月计划、周计划、日补充计划及临时补修计划。

1. 月计划

正常修程内应提报月计划，主要有以下几种情况：客车在正线调试工作；开行工程车（含轨道车）的检查、维修、施工、运输作业；影响行车的设备检修施工作业；需要进入正线及辅助线的检查、维修施工作业；屏蔽门的检修作业；需要接触网停电的检查、维修施工作业；车辆段内的行车设备检修作业（含限界内）；不进入轨行区，但需要有关部门配合的作业等。

2. 周计划

凡不属于按规定列入月计划，因设备检修需要，对在月计划里未列入的或月计划中需调整变更的施工计划，称为周计划。

3. 日补充计划

不属于按规定列入月计划、周计划的，但对行车有一定影响的检查、维修计划或月计划、周计划内日作业项目的变更计划，称为日补充计划。

4. 临时补修计划

运营时间对设备进行临时抢修后，须在停运后继续设备维修的作业为临时补修计划。

（二）按施工作业地点和性质不同分类

施工按作业地点和性质不同可分为影响正线、辅助线行车的施工，在车辆段内的施工和在车站内不影响行车的施工3种。

影响正线、辅助线行车的施工又可细分为开行工程车的施工、不开行工程车的施工和在车站范围内影响行车设备设施的施工。

在车辆段内的施工可分为开行电客车、工程列车的施工（不含车辆段内部）、不开行工程车但在车辆段线路限界及影响接触网停电的施工和不开行工程列车也不在车辆段线路限界的施工。

在车站内不影响行车的施工作业可分为车站内大面积影响客运及需动火的作业和其他局部影响客运，但经采取措施影响不大且动用简单设备的施工。

二、施工计划的编制原则及申报程序

（一）施工计划的编制原则

在确保安全的前提下，考虑均衡安排，避免集中作业。要处理好列车的开行时间和密度、施工封锁等几方面的关系，避免抢时、争点现象。经济、合理地使用机车车辆，避免浪费资源。

（二）施工计划的申报程序

施工计划的申报程序流程如下：

1. 签订安全协议

外单位施工负责人须接受培训后才能够申请在城市轨道施工作业中担任负责人，施工作业编制部门与外单位施工负责人签订安全协议。

2. 提报、执行计划

施工单位、内部相关部门应按规定时间向施工计划编制部门提报计划，施工计划编制部门平衡协调后发相关部门执行。

3. 填报施工计划

施工单位、内部相关部门应填写施工计划申报单，其中包括作业日期、作业部门、作业时间、作业区域、作业内容、供电安排、申报人、防护措施、备注（包括列车编组、配合部门及详细配合要求、联系电话等）。

（三）施工进场作业令

凡进行计划施工，都必须领取施工进场作业令，以此作为施工的凭证。施工计划编制部门负责施工进场作业令的管理工作。

任务二　施工组织管理

由于城市轨道交通施工作业牵涉面广，外单位参与作业的人员较多，对次日的行车作业存在安全隐患，故必须加强施工组织管理。

施工组织管理包括设立施工领导小组，施工组织实施，运营时间内特殊情况的施工规定及施工前教育等方面。

一、施工的基本概念

1. 施工组织

施工组织是指地铁运营企业为确保运营过程中各类维修（检修）作业有序可控，避免维修（检修）组织对正常运营造成影响，从而实行的一种作业许可制度。涵盖夜间地铁停运后的常规项维检修作业以及运营过程中的维检修作业及抢修作业等。

2. 请点

请点是指维检修施工作业人员在开始作业前依据作业许可凭证向相关管理单位（一般是行车调度员、车辆段调度员或车站值班员）申请允许作业的申报过程。待批准后，也就是完成请点后，方可按作业许可凭证及批准人所允许的限定条件，进行维检修施工。

3. 销点

销点是指施工作业结束后，作业人员确认施工区域出清，向作业批准部门申请结束施工状态的过程。

4. 施工区域出清

施工区域出清指在施工区域范围内施工结束后，施工负责人或施工责任人确认所有作业的有关人员已撤离、有关设备设施已恢复正常、工具器具、物料已撤走等。

二、设立施工领导小组

为加强对维修、施工作业的管理，城市轨道交通运营公司须成立施工计划领导小组对施工进行协调、管理，小组成员主要包括行车、设备、车辆、安全监察等部门人员。施工领导小组的职责是负责审批、发布施工计划，组织召开施工协调会，协调解决施工、运输及安全问题，并负责施工现场的组织协调工作。

三、施工组织实施

施工组织实施主要涉及确定施工责任人、施工批准权限、具体施工时间点的登记及注销（施工请点、销点）、施工过程中的安全防护和施工时间的安排等方面。

(一) 施工责任人

一般城市轨道交通企业施工项目必须确定施工负责人,同时施工队伍必须具有相关资质认证,有一定的专业技能。每项施工作业须设立一名施工负责人,若同一施工在多个作业点进行,则该项目除配备施工负责人外,各点(辅站)需配施工责任人,两者须经过培训后取得安全资格证书,并实行持证上岗制度。由于轨道交通行业的特殊性,所有劳务工上岗前必须经过安全教育,并对所从事的工序进行培训,经施工负责人签字认可,方能上岗作业。

1. 施工负责人、施工责任人职责

施工负责人负责在请点站办理进场作业登记和该项作业的组织、安全和管理;施工责任人在辅站办理进场作业登记和负责该作业点施工的组织、安全和管理。具体如下:

(1) 负责作业人员、设备的管理。
(2) 办理请点、销点手续。
(3) 作业过程的组织指挥。
(4) 及时与车站、车厂联系作业有关事项。
(5) 组织设置、撤销作业安全防护设施。
(6) 出清作业区域、设备状态恢复正常。

2. 施工负责人、施工责任人任职条件

(1) 熟知行车规章制度及相关规定。
(2) 熟悉该项作业的性质、内容、方法、步骤、要求等。
(3) 具备与该项作业相关的安全知识和技能。
(4) 经过培训并考试合格,取得相关资格证书。

(二) 施工批准权限

根据施工作业地点和作业性质,城市轨道交通施工前必须办理相应批准手续才能动工。影响正线、辅助线行车的施工作业,需经行车调度批准;在车辆段内的施工作业须经车辆段调度批准,如影响正线行车须报行车调度批准;在车站内不影响行车的施工作业运营内部的施工项目须经车站批准,外部单位施工作业按外单位施工作业管理,须经车站批准。

(三) 施工请点及销点规定

施工作业必须向行车调度(或车辆段调度)请点生效后方可开始施工,施工完毕后线路出清必须向行车调度(或车辆段调度)销点。

1. 请点规定

施工负责人须持施工作业令原件(非作业请点登记可用施工作业令复印件)到车站或车辆调度处填写"施工登记表"请点,行车调度(或车辆段调度)同意,请点生效后方可施工。

2. 销点规定

与请点过程相反,施工负责人负责施工区域的出清后销点。须异地销点的施工作业,施工负责人(责任人)应在"车站施工登记表"备注栏中注明异地销点的地点和人数。登记进入施工的车站要及时通知异地销点的值班员。当施工结束后,施工负责人向登记的销点站登记销点，销点站经与施工负责人核对销点的施工内容、施工人数、地点，并向请点站核对无误后，准予销点。请点站负责向行车调度报告。

施工一般性程序，如图6-1所示。

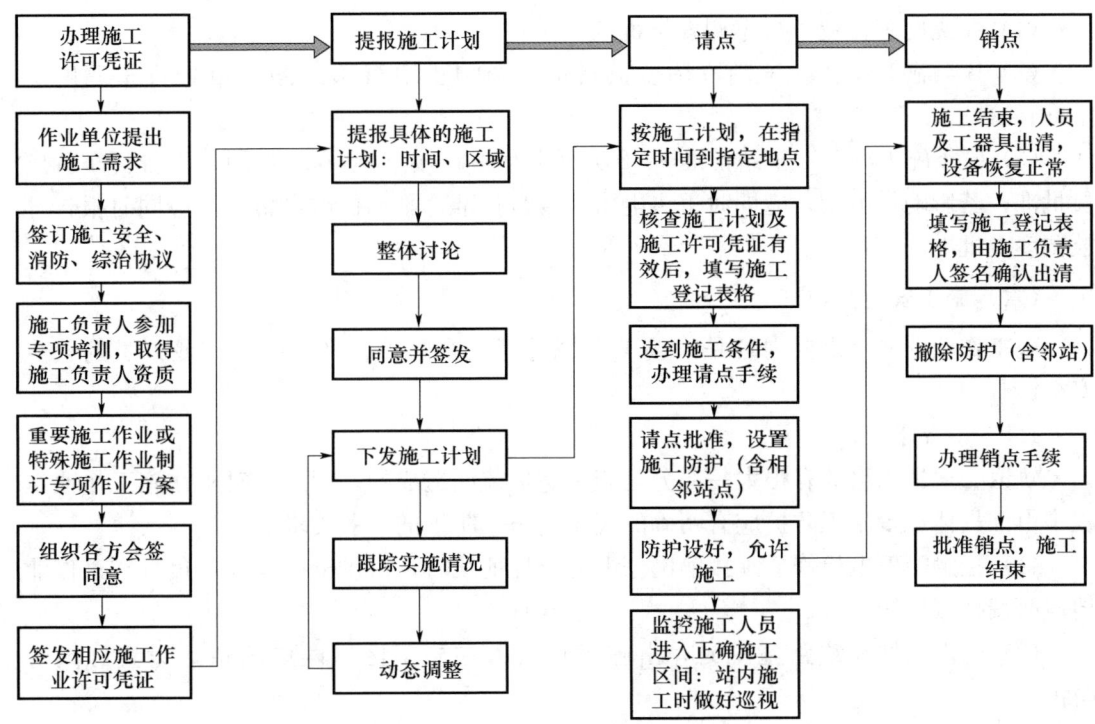

图6-1 施工一般性程序

（四）施工作业分类

1. A类施工

影响正线、辅助线行车的施工为A类。其中开行工程列车、电客车的施工为A1类；不开行工程列车、电客车的施工为A2类；车站、主变电所、控制中心范围内影响行车设备设施的作业为A3类。

2. B类施工

在车辆段（停车场）的施工为B类。其中开行电客车、工程列车的施工（不含车辆维保部门电客车、工程车的检修作业）为B1类；车辆段（停车场）内，除B1、B2以外的施工作业为B3类（办公室、食堂等生活办公设备设施维修除外）；不开行电客车、工程列车但在车辆段（停车场）线路限界、影响接触网停电、在车辆段（停车场）线路限界外3m内种植乔木、搭建相关设施及影响车辆段（停车场）行车的施工为B2类。

3. C类施工

在车站、主变电所、控制中心范围内不影响行车的为C类。其中大面积影响客运、消防设备正常使用及需动火的作业（含委托外部企业进行维修保养的人员进入变电所、通信设备房、信号设备房、环控电控室、照明配电室、蓄电池室、水泵房、其他气体灭火保护房内作业）为C1类；其他局部影响客运、消防设备正常使用，但经采取措施影响不大且动用简单设备设施（如果动用220V及以下的电力、钻孔等，不违反安全规定）的施工为C2类。

（五）施工审批

（1）A类施工作业：行车调度员批准。

（2）B类施工作业：车辆段调度员批准；影响正线行车的同时报告行车调度员批准。

（3）C类施工作业：车站批准。C2类可由车站直接审批；C1类同时报告行车调度员批准；若影响供电的，应同时报告电力调度员批准；影响机电设备的，应同时报告环控调度员批准。

（六）施工安全防护

施工作业的一个重要内容是对施工区域进行安全防护，确保施工作业人员的人身安全。

1. 一般要求

轨道交通施工事故有很大一部分是施工防护疏漏造成的，因此，对于在施工作业过程中由谁具体负责施工防护应有明确的规定。施工防护的一般要求如下。

（1）接触网停电检修或须接触网停电配合挂地线时，由供电操作人员负责在该作业地段两端挂接地线。

（2）站内或站间线路施工时，由施工负责人在施工区域两端轨道上设置红闪灯防护。

（3）在折返线、存车线、联络线上施工时，须在作业区域的可能来车方向处设置红闪灯防护。

（4）车站值班人员到站台检查红闪灯是否按规定摆放，并监督红闪灯状态是否良好。

（5）施工作业时除严格执行以上规定外，还要按施工部门的有关施工操作程序的防护规定执行。

（6）凡在运营时间内进行作业的，必须做好防护措施，确保城市轨道交通乘客的安全，最大限度地减少对乘客的影响。

2. 具体要求

施工作业时由于施工作业人员和工程车都在轨道上，安全因素比较复杂。人（施工作业人员）、车（工程车）在同一区域作业时，轨道交通企业均有严格规定，以确保人员安全。具体要求如下。

（1）人、工程车在同一区域作业时，由施工负责人与车长根据现场情况协调。

① 按施工前进方向，列车在前，人员在后，原则上不得颠倒或列车运行前后皆有作业。

② 非随车施工人员与列车应有50m以上的安全间隔距离，原则上列车不得随便后退，如需要动车时，需施工负责人和车长协商后才能动车，以确保人身安全。

③ 作业人员应在现场作业区的来车方向设置红闪灯防护。

（2）组织工程车运行时，在工程车到达站前方必须保证至少有一个站间区间空闲。

（3）在开行工程车进行作业的封锁作业区前后方必须保证至少有一个站台区或站间区间空闲。

（4）在开行高速调试列车的作业区前后方必须保证至少有一个站间区间空闲。

（5）凡进入线路施工作业人员必须按要求穿荧光衣，并根据作业性质及作业要求使用其他安全防护用品。

（6）施工作业过程中如要进行动火作业，必须事前办理有关动火手续，严禁在未办理动火手续的情况下进行动火作业。

（7）外单位施工由主办部门或主配合部门负责安全管理、安全监督。

（8）各施工单位部门在申报施工计划时应严格按照相关规定，结合施工作业过程中的实际情况提出安全防护要求和配合要求，在施工作业过程中，施工单位、部门应严格遵守安全规定和施工进场作业令中的要求。

（七）施工时间的安排及其他相关规定

1. 施工时间的安排

（1）如有工程车运行时，需等工程车通过后才能开始施工。

（2）严格按照施工计划按时完成施工作业。

（3）每日尾班车离开起点站后，可由车站根据施工登记表向行车调度预请点。

（4）车厂内施工（作业）时间安排严格按照施工计划的要求执行，车厂调度、维修调度、派班员应根据当日施工计划提前做好线路空闲、车辆和司机配合准备。

2. 施工人员进出站规定

（1）施工负责人持作业令在作业令规定的施工开始时间前到达主站；施工责任人及维修人员在作业令规定的施工开始时间前到达辅站和相关车站；按规定程序办理施工作业手续。

（2）向内部相关部门配发车站紧急出入口的钥匙。施工人员遇特殊情况需在收车后到达车站的，施工负责人到内部相关部门申请领取车站出入口钥匙，经各站指定的紧急出入口进出车站，及时将出入口上锁。

（3）外单位的施工人员进出车站须提前与车站值班人员联系，并于关站前进站。特殊情况确需关站后进入的，应事先与车站预约，车站根据预约的地点、时间，查验手续后开门放行。

3. 施工组织规定

（1）每日运营结束后，维修部门按计划对各设备系统进行检修作业，并应于规定时间内完成运行线路巡道和施工线路出清程序。

（2）在正线及辅助线施工开始前，施工负责人应进行施工登记，经行车调度批准，发布封锁命令。车站签认后，通知施工负责人设置防护信号，并送维修施工人员到站台端墙，确保施工人员进入正确的施工区域。

（3）对维修、调试、施工等作业按性质、地点分别组织：涉及正线的施工作业须经行车调度批准方可进行；涉及车厂内的施工作业须经车厂调度员同意方可进行，如影响正线行车须报行车调度批准；涉及车站的施工作业须经车站批准方可施工。

（4）在两站之间作业需要开行工程车时，由行车调度指定的车站值班员负责掌握施工情况，监督施工安全。

（5）施工结束后，施工负责人负责线路出清、人员撤离现场，经检查确认撤除防护后，办理注销施工登记手续，车站报告行车调度取消封锁线路的命令。

（6）需由多个车站进入施工的作业项目，施工负责人除到主站办理外，还需核实辅站情况。辅站施工责任人在作业令规定的施工开始时间前到达辅站办理登记手续，辅站值班员向主站值班员核实施工事项并请点。主站接到行车调度允许施工的命令后，传达给施工负责人及辅站，辅站值班员允许施工责任人开始该作业点的施工。

（7）当多站销点时，辅站施工责任人负责本段线路出清并报施工负责人后，在辅站销点；辅站值班员向主站值班员销点；施工负责人负责该项作业区域全部出清后，方可报主站值班员销点，主站值班员向行车调度销点。

（8）有外单位作业时，由指定的施工主办部门或主配合部门人员协助办理请点后，方可开始作业。

四、运营时间内特殊情况的施工规定

（一）一般规定

城市轨道交通系统的施工作业一般均利用周末班车通过运营结束后的非运营时间进行，并必须于运营前规定时间全部结束。

特殊情况下，当正线、辅助线运营时间内发生各类设备故障或事故需封锁区间抢修时，由行车调度负责组织故障情况下的行车，并根据维修调度要求组织相关问题的处理。一般地，具体规定如下：

（1）行车调度向有关部站发布封锁线路的命令，需要时通知电网调度停电。

（2）维修调度得到行车调度的封锁命令号码、范围和时间后，封锁区间交由维修调度控制。此时维修调度负责组织封锁区间内的设备抢修工作，并指定一名施工负责人现场指挥。

（3）抢修完毕，现场指挥确认线路出清后报维修调度，维修调度在相应报表（如"值班主任事故处理记录表"）上签认恢复行车时间，将该封锁区间交回行车调度解封，组织列车运行。

（4）遇车辆在线上的起复救援工作涉及系统设备，由分管的电网调度、环控调度或维修调度向值班主任提供技术支援，包括影响范围、预计处理（开通）所需时间；变更的运行模式（指系统设备），如越区、单边供电、借用相邻设备等；处理进展情况；达到开通条件（轨道、供电）时的报告。

（5）维修人员进入隧道前，须先到车控室办理有关手续，行车调度批准并落实安全防护措施后，方可进入隧道。

当进入站台或靠近站台的第一个轨道电路区段线路进行施工时，施工负责人按规定放置红闪灯进行防护；车站使用紧急停车按钮对相关轨道区段进行施工防护，同时行车

调度把列车扣停在前方站，以保证进入轨道人员的安全。

当运营时间内到区间隧道抢修行车设备时，若须搭乘客车，经控制中心值班主任批准，由维修调度组织好抢修人员按行车调度指定的车次上车，司机在故障点前停车，抢修人员从司机室门下车进入隧道，尽快进入水泵房等安全地带。未经行车调度同意，在水泵房的抢修人员只能在水泵房内作业，严禁侵入行车限界，以免影响行车及人身安全；须从区间内返回车站时，维修人员使用无线电话通过维修调度向行车调度申请，由行车调度安排列车接应。

值得注意的是，轨道交通企业必不可少的一项工作是在夜间巡道。巡道主要检查轨道各组成部分（包括钢轨、道岔、扣件及鱼尾板等）及线路状况，发现情况进行相应处理，确保线路次日保持良好的运行状态。如有工程车开行时，必须确保施工和巡道工作的安全。

（二）工程车（调试列车）开行

工程车及调试列车开行是施工作业中必须高度关注的环节，存在较高的安全风险，主要风险包括挤岔、进路错误、冒进信号和运行区域错误等。

1. 施工安全

（1）人、工程车在同一区域作业时，由施工负责人和工程车负责人根据现场情况协调控制安全。

（2）按施工前进方向，列车在前，人员在后。

（3）人车间保持50m以上的安全间隔，列车不得随便后退。需要动车时协商。

（4）作业人员处设置红闪灯。

2. 施工防护

（1）组织工程车运行时，在工程车运行的到达站前方必须保证至少有一个站间区间空闲。

（2）开行工程车的封锁作业区，前后方必须保证至少有一个站台区或站间区间空闲。

（3）开行高速调试列车的封锁作业区，前后方必须保证至少有一个站间区间空闲。

（4）作业人员穿荧光衣，使用安全防护用品。

3. 工程车开行安全注意事项

（1）严格按划分区域作业，必须按规定时间离开。

（2）工程车返回由车长、驾驶负责。确认返回途中前方线路出清，回库前汇报行调。

（3）行车调度员负责排列进路，确认运行前后是否有施工。

（4）封锁区间线路施工命令，除指明外，包括车站。

（5）封锁区域工程车的运行由施工负责人负责指挥。

（6）接触网停电挂地线且需工程车配合，行车调度员同意；作业完毕，地线拆除，得到命令后，方可动车返回。

（7）外单位工程车在运营线路运行时，必须有城市轨道交通运营单位的工程车驾驶员添乘。

(三) 特殊施工作业注意事项

1. 高处作业

(1) 安全教育,熟悉环境和安全要求。特殊人员禁止高处作业。

(2) 穿戴劳保用品,作业前检查、作业中正确使用防坠落用品与登高器具、设备。

(3) 开始工作前或行走时,观察是否安全。

(4) 设置监护人员。

2. 动火作业

(1) 明确安全负责人,发现隐患立即停止作业。

(2) 持操作证上岗,严格执行安全操作规程。

(3) 落实防火、灭火措施,设置足够适用灭火器。

(4) 作业区周围不得存放易燃杂物。

(5) 难以移动的易燃易爆物体采取防护措施。

(6) 盛装过易燃液体的容器、管道洗刷干净。

(7) 受热膨胀有爆炸危险的容器和管道严禁动火。

(8) 发生火灾事故时,要及时扑救和报警。

(9) 作业完毕彻底清理现场火种。

五、施工管理安全风险及应对措施

(一) 各方人员职责划分

1. 施工负责人(施工责任人)职责

(1) 负责作业人员及设备的管理。

(2) 办理请点、销点手续。

(3) 作业过程的组织指挥。

(4) 与车站、车辆段(停车场)联系作业有关事项。

(5) 组织设置、撤除作业安全防护设施(其中接触网停电及挂地线由电力调度员负责)。

(6) 出清作业区域、设备状态恢复正常。

2. 车站人员的职责

(1) 负责查验施工作业人员和施工负责人证件。

(2) 负责办理施工作业登记、请点和销点手续。

(3) 负责在站台端墙处线路设置和撤销区间作业的施工防护。

(4) 负责监督施工负责人和配合人员清点进出作业区域的施工作业人员。

(5) 负责监督车站施工作业安全。

(6) 负责与施工负责人、配合人员确认施工区域线路出清。

3. 配合外单位作业时配合人员的职责

(1) 协助外单位办理施工请点与销点,检查外单位人员施工防护、劳动保护的情况。

(2) 负责清点进出作业区域的施工作业人员。

(3) 负责监督外单位的施工作业安全。

(4) 负责检查外单位人员、物品（包括工器具、材料、施工垃圾等）出清线路，并向车站反馈。

(5) 检查、确认施工所动用的运营设备恢复到正常使用状态，并且已经加固，不会侵入行车限界，并向车站反馈。

(6) 检查监督所配合作业的外单位人员的保卫综合治理问题（如盗窃、抽烟等）。

（二）施工计划编制注意事项

(1) 施工计划冲突。关注 A1 类作业，避免其他施工作业重复安排在开车区域。

(2) 施工计划与施工作业许可不一致。

(3) 施工计划或施工作业许可中存在错误。

(4) 漏安排施工配合人员。提报施工作业计划时，注明配合的专业人员及需求。

(5) 施工计划安排不均衡。

(6) 特殊施工作业方案未经会签、审查，或草率批准。

(7) 跨越不同控制中心管控线路的施工，计划审批时未经双方控制中心审批。应经双方控制中心（车辆段）均审核后方可审批同意。

（三）施工请点注意事项

1. 施工布置

(1) 全面梳理施工作业。

(2) 填写台账，注明作业区域、施工前提条件。

(3) 提前学习，关注施工关键点，做好预想工作。

(4) 掌握行车安排，关注行车组织与施工作业。

2. 施工登记

(1) 检查施工作业的许可凭证与施工计划一致。

(2) 检查核实有效证件。

(3) 填写施工登记表格，检查核对重点信息。

(4) 检查施工占线板。

3. 请点

(1) 施工负责人签名。

(2) 请点前确认施工条件已具备。

(3) 请点时确认施工负责人及配合人员在现场。

(4) 批准请点时，核对施工条件是否具备。

(5) 请点后，设置红闪灯。

(6) 防护好后，允许施工人员进入作业区域，车站做好监控。

（四）施工销点注意事项

(1) 销点时，确认防护撤除；确认施工结束，线路出清，要求施工负责人及配合人员签名，向行调销点。

(2) 批准销点时，确认防护撤除，线路出清。

(3) 在运营前，巡视站内轨行区进行，确保线路出清。

任务三　施工作业安全规范

一、施工前安全教育

每天施工前，施工负责人应针对当天的作业项目进行安全预想、组织施工前教育，使全体作业人员达到 6 个明确：作业内容明确、作业地点明确、质量要求明确、携带料具明确、人员分工明确、安全措施明确。生产过程中的安全工作，要积极推行 5W1H 管理。

（一）5W 的含义

（1）What——什么，即什么项目、什么内容、有什么问题、应注意什么事项，如发生故障或事故，应说明发生了什么样的事件。

（2）Where——哪里，指作业项目是什么地点，或所发生事件的地点。如对于线路轨道来说，地点就是要交代事件的具体里程。

（3）When——什么时间，该项目什么时间开始，什么时间结束，或者是该事件所发生的时间。

（4）Who——谁，即人员分工，该项生产任务中的什么事情由谁去做，如发生什么事件、什么问题应由谁承担责任。

（5）Why——为什么，即为什么要做这项工作。在作业过程中，为什么必须这样而绝不能那样。对于事故而言，要分析事故的原因。

（二）1H 的含义

How——怎样，具体是指应该怎样完成这项工作；怎样干才能保证既安全又优质；如果不这样干，会产生怎样的后果；发生事故或不良事件，应汲取怎样的教训，今后怎样整改。

如果所有的现场指挥者，都能严肃认真地按照 5W1H 的思维去组织生产，对生产流程中的每一个程序，甚至每一个细小的环节，都进行过周密的策划，并在运作过程中通过一定的手段进行有效的控制，而不是流于形式，那么事故的发生率必然会降到最低限度。

二、施工作业安全规范

（一）通用作业

(1) 事先制订安全措施，专人防护。
(2) 雷雨或暴风，防止触电。
(3) 挖坑沟防坍塌；坑沟原则上不过夜，再开工时检查。
(4) 多人装卸或搬运长大、笨重器材，专人指挥。
(5) 扛抬笨重物品不宜过重，两人扛抬要同步。
(6) 设备、仪表保安装置符合标准，定期检测。

(7) 专人负责易燃、易爆和有毒的材料。
(8) 行灯的电压不能超过规定值。
(9) 手持电动工具，应采取接地或接零的措施。
(10) 特殊工作场所使用密闭式或防爆性的电气设备。
(11) 用手动弯管器弯管时，要注意力集中。
(12) 用手动弯管器时，操作位置应选择开阔的地方。
(13) 削线头时，线头向外。用力适当，防止削手。
(14) 带电设备附近，禁止使用金属卷尺测量。
(15) 使用梯子时，不准垫高或驳接使用，夹角适宜。
(16) 在配电房内搬运物品与带电部分保持安全距离。
(17) 不得擅自作业。穿荧光衣，放红闪灯。作业前要请点，作业后要销点。
(18) 作业结束，清扫、整理现场。
(19) 吊装物资时，不得从人员上空经过或停留。
(20) 设备检修前，确认断电及机械转动部件停止。
(21) 检查维修用工器具及安全防护用品。
(22) 高空作业佩戴防护用品，监护人协助。
(23) 注意装载物资高度。
(24) 严禁客车受电弓在分段绝缘器位置停车。
(25) 工作中保持场地整洁，下班前收拾整齐。
(26) 在轨行区作业时，应遵守如下规定：
① 车辆段作业，注意列车运行，可建安全岛，专人防护。
② 区间作业，不断瞭望，专人防护。
③ 横过线路及列车时，注意人身安全。
④ 禁止在钢轨、枕木和车辆下部休息。
(27) 室内清洁，通风良好，禁止烟火，并应遵守如下规定：
① 备有灭火器材，定期巡视，发现异状报告处理。
② 不得存放易燃易爆品，不得用易燃液体擦洗。
③ 禁止用易燃液擦洗运用中设备的电气接点。
(28) 装卸作业和押运人员应遵守如下安全规定：
① 在带电的接触网下作业，避免靠近接触网。
② 在指定线路装卸，在接触网线路装卸时停电。
③ 接触网的区段内，禁止坐在高处。
④ 进入接触网区段前，检查货物装载状态。

（二）登梯作业

(1) 使用梯子前认真检查。
(2) 注意梯脚装防护装置，人字梯挂好安全链钩。
(3) 禁止梯子在不稳固支持物或带电设备上使用。
(4) 梯子与地面的倾斜角度为60°左右。
(5) 不能两人同时站立同一梯作业，有人监护并扶梯。

(6) 使用中的梯子禁止移动。

(7) 靠在管道上使用梯子，与管道捆绑或钩挂。

(8) 门前使用梯子，防止门突然开启。

(9) 使用人字梯，检查限制开度的铰链和拉链。

(10) 人字梯上（含有限制开度的拉链或铰链的人字梯除外），不能采取骑马或站立。

任务四　工务施工作业及调试、试验的安全措施

工务部门负责线路设备大修、中修及维修，使线路设备经常处于完好状态，保证行车安全，是其重要职责。作为基层生产单位的工务段、大修段，必须组织全体职工，严守劳动纪律和作业纪律，开展作业标准化，保证设备质量，以设备质量保证行车安全。同时，还应针对线长点多、工作分散及露天作业等特点，做好人身安全工作。

必须贯彻"安全第一，预防为主，综合治理"的方针，根据事故发生规律，结合实际情况，以消灭惯性事故为突破口，依靠各级组织和工务调度的作用，实施预防与控制，确保行车与人身安全。①加强设备检修，对设备严重损害要实行动态控制，对轨道几何尺寸严重超限、重伤钢轨、重伤辙叉等要跟踪控制，督促现场及时消灭。②预防惯性事故，根据季节变化和作业特点，要把防断（钢轨、接头夹板、辙叉心等）、防胀轨、防撞机、防灾害及防人身伤害作为重点，开展预防与控制工作，落实责任制，加强防范。③控制施工作业，把施工违章、路料装载和卸车作为重点，严格控制封锁和慢行施工，做到准备工作不过头，放行列车不冒险；经常组织防护人员、轨道车及小车驾驶员学习规章制度，考核技术业务水平，不合格、不称职的坚决撤换。④依靠科学进步，围绕安全开展攻关，并积极采用各种自动监测、控制的安全设施，如道口自动信号和报警装置、塌方落石自动报警装置、施工防护自动报警装置、自动测速仪等。

一、工务施工防护

（一）正线施工

由于列车运行密度大，所以一般情况下，均不得利用列车运行间隔进行养护维修作业，而必须在列车停运后，按批准的封锁计划组织施工。每天作业前办理登记手续，作业后办理注销手续。

（二）车场线施工

对于车场线路，由于调车作业的行车密度小，运行速度低，可以在白天安排施工。凡进行调整轨道几何尺寸的作业，都要办理封锁轨道或道岔的申请手续，并要按规定设置施工防护。

车场内线路上施工，将施工线路两端道岔扳向不能通往施工地点的位置，并加锁或钉固，可不设置移动停车信号牌；如不能加锁或钉固道岔时，在施工地点两端各 50m 处线路中心，设置移动停车信号牌防护，如图 6-2 所示。

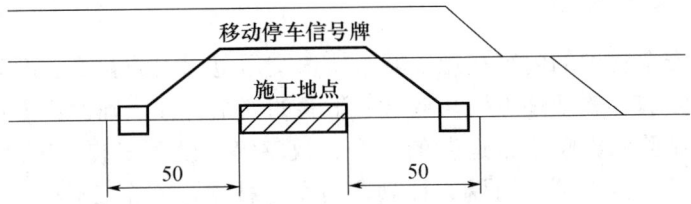

图 6-2 移动停车信号防护设置示意图（长度单位：m）

对于不需要设置停车防护的，应在施工地点两端设置作业标，如图 6-3 所示。

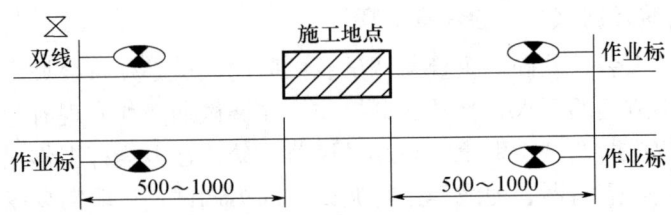

图 6-3 作业标设置示意图（长度单位：m）

在站内道岔上施工，一端距离施工地点 50m，另一端两条线路距离施工地点 50m，分别在线路中心，设置移动停车信号牌防护，如图 6-4 所示。

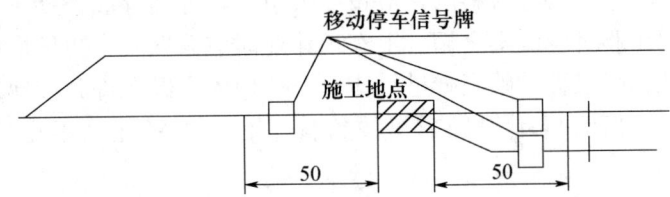

图 6-4 道岔施工防护设置示意图（长度单位：m）

如一端距离外方道岔少于 50m 时，将道岔扳向不能通往施工地点的位置，并加锁或钉固。

(三) 发生故障时的防护

线路发生故障时的防护办法如下：

(1) 立即通知总调度以及附近车站，并在故障地点设置停车信号。

(2) 当确知一端来车时，应先向该端设置停车防护，然后返回故障地点。

(3) 如不知来车方向，应在故障地点注意瞭望，发现来车，应急速奔向列车，用手信号旗或徒手显示停车信号，使列车在故障地点前停车。

(4) 站内线路、道岔发生故障时，应立即通知运转，采取措施，使车辆不能通往该故障地点，并设置停车信号防护。

(5) 工务人员发现线路设备故障危及行车安全时，除立即连续发出警报信号和以停车手信号防护外，还应采取紧急措施设法修复，如不能立即修复时，应封锁区间或限速运行。

二、调试、试验安全

调试、试验安全管理的内容是规范城市轨道交通范围内的新线、新系统、新设备和科研技改设备在安装、软硬件更换与调试、试验的安全管理，确保不因设备安装、软硬件更换与调试、试验而影响正常运营的安全、效率等。设备安装、软硬件更换与调试、试验项目的责任部门负责项目协调、计划、组织、技术、安全工作，负责对外的联络，贯彻统一指挥、逐级负责的原则。凡进行设备安装、软硬件更换与相应调试、试验的项目，应严格执行工作流程，工作流程包括编写与确定方案、学习方案、现场组织与实施及结果确认等。

（一）设备安装及调试、试验注意事项

所有参加设备安装、软硬件更换与调试、试验的人员必须符合城市轨道交通安全规定的要求，并熟悉方案的要求，严禁无证操作。在调试期间如发现有危及行车安全的情况，任何人都有权中断调试。发生雷雨或暴风时，禁止在电线杆上作业。

打雷时，禁止对避雷器、地线等进行调试。因为调试、试验需要挖坑、沟时，应与有关部门联系，了解地下设备情况，土质松软处应设防护和加固措施，以防坍塌，所控的这些坑、沟一般不过夜，不得已时须采取防护措施。

凡进行危险性较大、影响行车和人身安全的调试、试验时，必须事先拟订安全措施，并由调试负责人组织，派专人进行防护。在设备安装、软硬件更换与调试、试验过程中须使用易燃、易爆和有毒材料的，应设专人负责，隔离存放，妥善保管。调试、试验作业中需下地沟作业时应戴安全帽，上车顶作业时应采取安全防护措施并确认其状态良好。禁止穿拖鞋、高跟鞋、硬底鞋进行作业。任何人未经允许和接地线未挂好不得进入车顶检修平台，任何时候不得翻越车顶检修平台，未经允许不得使用移动扶梯上车顶。

调试人员因调试需要进出屏蔽门端门时，必须关好端门以免因活塞风影响将端门吹动撞烂。调试期间，任何参与调试的人员原则上不能下调试区域的轨行区，如确有需要下去时必须征得调试现场指挥的同意，并确认在车上已采取了相关的安全措施后，方可进入轨行区。外单位调试人员进入设备房、列车及轨行区作业，必须按本单位相关规定的内容执行；操作运营设备时，必须有本单位人员在场。在调试过程中，主办部门必须督促供货商做好充分的备件准备，以应对突发的事件。

（二）调试、试验方案管理

进行调试、试验项目的责任主办部门必须制订调试、试验方案。需定期实施的调试、试验项目，必须编制调试、试验大纲。现场的调试、试验工作不得超越国家规定、行业标准及本单位相关规定。所有涉及外部门协助的调试、试验，由主办部门负责整个调试工作，牵头组织调试、试验准备会，共同讨论方案及确定安全调试计划；调试部门必须制订详细的调试、试验方案，明确调试、试验步骤、配合的要求，安全防护措施等相关事项。由于特殊原因，本应在出厂前应完成的设备调试、试验，需在城市轨道交通范围内进行，主办部门必须将调试、试验方案送相关部门会签，并报上级批准后方可进行。协办部门需根据调试、试验方案制订本部门的相关安全措施，确保调试、试验工作

顺利进行。凡经批准的国产化、技改等项目上线调试、试验，必须经批准并报送安全部门备案，方可实行。

（三）调试、试验计划申报与实施管理

对正线范围内的调试、试验过程中，行车调度与调试、试验负责人必须加强联系，行车调度有权向调试、试验负责人了解调试、试验进行情况，调试、试验负责人有责任向行车调度通报调试、试验进行情况。对车厂范围内的调试、试验，在调试、试验过程中，车厂调度员与调试、试验负责人必须加强联系，车厂调度员有权向调试、试验负责人了解调试、试验进行情况，调试、试验负责人有责任向车厂调度员通报调试、试验进行情况。

在调试过程中，无论调试区段是否封锁，在调试区段原则上不能进行其他施工作业，若确需进入调试区段抢修设备时，由抢修施工负责人与调试、试验负责人联系，在得到调试负责人许可后，行车调度可在保证运营安全的原则下，安排进入调试区段抢修。

凡在城市轨道交通范围内进行的调试、试验工作，控制中心负责跟踪调试、试验过程。调试、试验作业现场的请点与销点流程及作业安全防护措施应按施工管理规定执行。

调试、试验作业结束后，调试、试验工作人员应清扫、整理现场。调试、试验负责人应进行周密检查，确认无误后方可离开。

（四）调试、试验车辆行车安全

1. 调试、试验作业的基本要求

列车调试、试验作业的行车工作由司机负责。在调试、试验列车运行过程中，禁止调试、试验人员擅自动用与行车安全有关的设备设施。列车进行任何调试、试验，须由调试、试验负责人统一指挥，司机必须根据调试、试验负责人的要求操纵客车。需要动车时，必须与车厂值班员或行车调度联系落实运行进路的安全，得到其同意并确认行车"三要素"（进路、信号、凭证）符合行车条件后方可动车。

严禁爬上列车车顶，运行中严禁探身车外、飞乘飞降上下车，任何人不得扶着手扶杆站在车厢外面。进行动态试车前，必须确保列车的制动系统功能良好。试验前，必须对车辆施加停车制动。

列车司机应按列车操作条款及检车流程对调试、试验列车进行全面检查、试验，确保列车状态符合行车要求。列车有异常或故障要严格按照相关要求及时汇报、处理。在列车动车出厂前，司机必须正确理解调度命令内容，明确调试指挥负责人，确认调试内容及安全注意事项，清楚并明确调试程序。

司机须检查确认客车制动试验、线路限界、进路信号的显示、调试人员及设备到位等情况具备行车安全条件，如有异常及时报告车厂调度员。严禁列车实习学员操纵列车进行调试、试验作业。司机应严格执行规章制度并控制速度，加强瞭望和呼唤应答，认真操作，密切注意观察设备、仪表的状态，遇信号异常或危及行车安全时，应立即采取紧急停车措施，并及时报告调试、试验负责人及行车调度或车厂调度员，听

从其指示，确保调试列车安全。作业途中停止时，没有调试、试验负责人的指示，严禁擅自动车。

在调试、试验作业过程中出现车辆故障，列车司机应及时向调试负责人汇报，由其进行处理，视其需要给予协助。禁止未经调试负责人同意擅自动用车载设备或进行任何试验操作。

在列车调试、试验期间，司机需要服从调试、试验负责人的指挥，但调试、试验负责人提出的调试要求超出计划内容时，司机应及时向行车调度（在车厂则报车厂调度员）汇报并得到其同意后方可执行，下列情况则司机应给予坚决制止，严禁动车，并将情况报告行车调度（在车厂则报车厂调度员）处理。调试人员不听劝阻，出现以下情况时，司机可停止作业：

(1) 调试、试验指令违反相关安全规定或规章时。

(2) 危及行车安全（如有物品侵入限界道岔位置不对等情况）时。

(3) 不具备动车条件（如列车上的设备未恢复正常位置、未进行制动试验等情况）时。

(4) 无调试、试验负责人在场时。

(5) 作业计划不清或计划与实际有出入时。

2. 调试、试验的安全措施

(1) 试车线调试、试验的安全措施。

严格执行施工管理规定中有关在车厂内调试、试验作业组织流程，车厂调度员在接到调试、试验任务时将调试、试验计划有关内容向司机布置清楚；在试车线进行客车调试、试验时要严格遵守试车线的限制速度，按照试车线行车信号、标志要求，严格控制速度运行；雨天、大雾天时严禁在试车线进行列车的高速调试、试验，制动时做到早拉、少拉，并按规定停车，夜间严禁进行人工模式下的高速调试、试验；进行调试时，必须安排两名司机上岗，一人操作一人监控。司机要按试验大纲要求操作，严格控制好两端速度。

(2) 正线调试、试验的安全措施。

司机应严格执行相关规定，整备列车，确保列车状态符合正线运行要求；列车出厂前，司机必须检查调试、试验人员的到位情况，确认调试期间具体线路，明确调试项目、程序及其安全事项；列车在始发站动车前，司机要与行车调度共同确认调试、试验进路的开通情况。司机要密切注意列车运行前方的线路状态，严格执行行车调度命令，听从调试、试验负责人指挥；列车调试、试验原则上按信号显示行车，如行车调度要求列车在封锁线路进行调试、试验时，司机必须认真确认进路上的每副道岔位置，在通过进路防护信号机、道岔时要适当降低速度；每次动车前，司机要认真确认信号、进路、道岔情况。运行时要集中精力，严格按照规定的速度或按行车调度的限速命令运行，严禁超速驾驶；遇较难确认信号的车站或区间，司机应适当降低速度直至能清楚确认信号显示后按规定的速度运行；列车在两端终点站或在运行中途站需要折返换端后，司机应确认进路信号机的显示、道岔位置正确并与行车调度落实运行进路后方可开主控钥匙，凭调试、试验负责人的指令动车。

任务五　施工作业安全案例分析

一、轨道施工作业特点

轨道交通已成为城市交通发展的主流方向，在轨道交通建设过程中的安全风险管理也备受社会各界关注，由于轨道交通工程施工具有如下特点：

(1) 施工规模庞大，建设高峰期，有多条线路同步开工，上万名作业人员同时施工。

(2) 沿线的地质条件复杂多变，突变性强，不确定因素多。

(3) 施工周边环境繁杂，各种建构筑物、地下管线多。

(4) 施工工法繁多，施工难度大。

(5) 施工作业场所一般都在地平线以下，在深基坑或在隧道内空气比较潮湿，空间狭小，同时交叉作业较多。

(6) 施工工期压力较大等，由此带来极高的安全风险，所以一直以来，各级政府和相关企业都非常重视轨道交通工程建设第一线的安全生产，通过制定完善各类安全管理规定建立安全培训教育体系等系列措施，不断提升工人的安全意识和改善工作环境，以保障广大施工一线人员的生命安全。

但是，在工程施工过程中，还是有极少数一线作业人员心存侥幸，对事故发生的必然性缺乏充分的认识，为轨道交通工程建设留下安全隐患。当事故发生后，带来极大的悲痛和损失，也为社会带来极大的负面影响。

二、轨道交通施工常见事故类型

（一）坍塌伤害

所谓坍塌事故是指建筑物、构造物、堆置物、土石方等因设计、堆置、摆放或施工不合理而发生倒塌造成伤害的事故。

【案例引入】

杭州地铁塌方

2008年11月15日下午，浙江省杭州风情大道地铁1号线工地发生塌方事故，21人死亡，24人受伤。截至16日22时20分，"11·15"事故已造成4人遇难，17人失踪，送至医院救治的伤员中，已有9人出院，还有15人仍在接受治疗或观察。坠入塌陷处的11辆车子也已于16日凌晨被吊出塌陷深坑。各单位正在全力施救被困人员，事故原因调查与善后工作正在进行中。

在塌陷现场看到，紧急抽调的几十台大功率的抽水泵和泥浆机正在不间断作业。经过一夜的连续抽水，塌陷坑内的水位已下降了2m。现场调运的两台大型推土机，从塌陷处两边向塌陷深坑内进行填土，以开出行车便道，方便车辆通行。地铁工地塌陷区附近的3户农户人家已全部被安全撤离。指挥部同时决定，对这3户民房进行拆除，便于抢险施救工作开展。

据时任杭州市政府副秘书长、现场施救指挥部总负责人王光荣介绍，塌陷事故发生当晚，杭州市就成立现场施救指挥部。省市公安、消防、武警派出千余人赶赴现场全力抢救伤员，排除险情，做好维护现场秩序工作。同时成立杭州地铁工地塌陷事故调查组，调查组由浙江省安全生产监督管理局、浙江省建设厅和杭州市安全生产监督管理局、市建委以及市监察、公安等部门组成。

事故发生后，浙江省迅速成立事故调查组开展事故调查工作。调查组查明，参与项目建设及管理的有关单位工作中存在一些严重缺陷和问题，多方面因素综合作用最终导致了事故的发生，是一起重大责任事故。

调查组认为，事故直接原因是施工单位中铁四局集团第六工程有限公司违规施工、冒险作业、基坑严重超挖；支撑体系存在严重缺陷且钢管支撑架设不及时；垫层未及时浇筑。监测单位安徽中铁四局设计研究院施工监测失效，没有采取有效补救措施。

据了解，公安、检察机关依法对涉嫌犯罪的杭州地铁湘湖站项目部常务副总经理梅××等10名事故责任人立案侦查，所有案件已侦查终结，进入审查起诉阶段。

杭州市监察局已对事故发生负有责任的杭州地铁集团有限公司董事长、法定代表人丁××等5人分别给予政纪处分。中国中铁股份有限公司对事故发生负有责任的中铁四局集团董事长、法定代表人张××等6人分别给予政纪处分。

杭州市原副市长许××对杭州地铁1号线没有严格按照基本建设程序组织实施，对杭州地铁集团有限公司安全生产管理监督不力，对事故发生负有领导责任。但许××已在另案中涉嫌犯罪，并移送司法机关处理，不另做政纪处分。

这起地铁施工塌方事故，导致萧山湘湖风情大道75m路面坍塌，并下陷15m，附近河流决堤，河水倒灌，一度水深达6m之高。事故发生后9h，国家安监局调查组一行已经抵杭，未进市区直接从萧山机场赶到事故现场。

有关专家为事故本身痛惜之余，直呼这是"中国地铁修建史上最大的事故。"

1. 事故原因

造成坍塌事故的原因有很多，有地质、水文、气候等自然条件的原因，有设计的原因，也有管理的原因。概括起来，原因主要包括以下6个方面：

（1）不按方案要求放坡开挖土方，坡度过陡，支撑不稳固，偷岩取土。

（2）坑沟边堆载土方、材料设备过多。

（3）没有及时抽水、排水，土方受水浸泡变软。

（4）作业前，没有进行必要的掌子面土体、支撑体系的检查，在危险的边坡、支护下面作业。

（5）搭设脚手架等临时设施时，没有严格按方案来搭设，偷工减料。

（6）其他的违章行为。

2. 预防措施

（1）严格按方案放坡开挖土方，按要求及时对土体进行支护，严禁偷岩取土。

（2）坑沟边缘不得堆载大量的土方、材料设备等。

（3）及时排水、抽水，保证土方不受渗漏水浸泡。

（4）作业前应进行必要的掌子面土体、支撑体系的检查，作业过程中要清楚周边可能存在的危险，禁止在危险边坡、支护下面作业。

（5）搭设脚手架等临时设施时，必须严格按照方案来搭设。
（6）遵守安全纪律，严格执行各项安全操作规程。

（二）触电伤害

触电事故，如图 6-2 所示。

图 6-2　触电事故

1. 事故原因

在地铁施工过程中，造成触电伤害的原因有很多种，常见的主要是以下几种：
（1）非电工自己擅自接电，乱拉乱接。
（2）在没有切断电源的情况下，摆弄用电设备。
（3）开动抽水设备时，人站在水中。
（4）非持证电焊工擅自进行电焊作业。
（5）电焊作业没有穿绝缘鞋，戴绝缘皮手套等。
（6）在雨天潮湿环境下电焊作业，在狭小、不通风的环境下进行电焊作业。
（7）乱摸、乱动用电设施、设备。
（8）隧道、高温、潮湿和易触及带电体场所没有使用安全电压照明。
（9）其他的违章作业行为。

2. 预防措施

（1）电工必须经过按国家现今标准考核合格后，持证上岗工作。
（2）安装、巡检、维修或拆除临时用电设备，必须由电工完成。并应有人监护，严禁非持证电工擅自接电，严禁乱拉乱接。
（3）使用、维护、检修电气设备时，严格遵守有关安全操作规程。
（4）电焊工必须经过按国家现行标准考核合格后，持证上岗工作，非持证电焊工不得进行电焊作业。

(5) 在狭窄、高温、潮湿场所进行电焊作业时,必须由电工认真检查用电设备、设施后,才可进行电焊作业。作业时,必须戴好绝缘手套,穿好绝缘靴等,并设专人监护。

(6) 遵守安全纪律,严格执行《施工现场临时用电安全技术规范》(JGJ 46—2005)和《电焊作业安全操作规程》。

(三) 轨道工程车辆伤害

【案例引入】

武汉地铁站台门被撞碎

2020年8月2日,武汉地铁凌晨停运期间,一段"站台门被撞碎"的视频在网上流传,引发部分网友猜测。对此,8月3日,武汉地铁运营有限公司回应称,该情况因3号线桥隧维保施工设备侵限造成。目前,武汉商务区站正常运营,不影响乘客乘降,3号线全线运营不受影响。

对此,8月3日13时许,武汉地铁运营有限公司官方微博@武汉地铁运营,发文回应称:因8月2日凌晨轨道交通3号线桥隧维保施工设备侵限,造成武汉商务区站开往宏图大道方向站台门损坏。目前,武汉商务区站正常运营,不影响乘客乘降,3号线全线运营不受影响。

通报中提到的"侵限",是指侵入行车限界,限界是为保证地铁车辆安全行车规定的技术尺寸,任何设备、设施不得超过车辆限界,否则造成"侵限"。

此外,武汉地铁运营提醒:近期,该侧站台门将进行修复施工。现场已设置安全警戒线、隔离栏杆,列车进站时将提前减速,并通过人工引导及广播进行提示。请乘客注意安全,听从工作人员指引,在警戒线外有序排队,先下后上。

车辆伤害是指由运动中的机动车辆和运输、斜井提升机械引起的伤害事故。

1. 事故原因

(1) 盾构施工的电瓶车和系统安装工程的轨道工程车不按规定位置停放且无防滑动措施造成的溜车。

(2) 在盾构区间内淤泥渣土清理、管道检修等作业时,未能关注电瓶车的进出。

(3) 在轨行区的道床、感应板等设施上休息、睡觉。

(4) 违章搭乘电瓶车或轨道工程车。

(5) 在没有请点的情况下,违章进入轨行区。

(6) 隧道内电瓶车、轨道车运行时超速或制动失灵。

(7) 隧道内照明不足。

(8) 其他违章行为。

2. 预防措施

(1) 盾构施工的电瓶车和系统安装工程的轨道工程车必须按规定的位置停放且采取有效的防滑动措施。

(2) 在盾构区间内淤泥渣土清理、管道检修作业等作业时,要特别关注电瓶车的进出和可能的溜车现象。

(3) 严禁在轨道上坐、卧、睡觉休息。

(4) 严禁违章搭乘电瓶车、轨道工程车。

(5) 进入轨行区施工，必须提前请点，并严格按照请点区域施工。

(6) 定期检查电瓶车、轨道车制动装置，严禁超速行驶。

(7) 加强隧道内照明。

(8) 遵守安全纪律，严格执行隧道内、轨行区的安全管理规定。

（四）高处坠落伤害

【案例引入】

高空坠落事故

2008年6月某日17时左右，在上海市某公司承建的某轨道交通车站工程，劳务分包台州市某建筑劳务公司现场试验工袁某前往施工现场（动机不明），行走在基坑内的第三道混凝土支护结构圈梁结构上，坠落至基坑底部（坠落高度约8m），经医院抢救无效死亡。

1. 直接原因

袁某擅自违规进入基坑，不慎高处坠落。

2. 间接原因

基坑内部用于施工人员上下的通道未按标准进行设置，通道与混凝土支撑结构圈梁结构转接处防护栏封头不严密；作业人员安全意识差；劳务分包单位对作业人员安全教育管理不力；总包单位及监理单位对现场安全防护设施存在的缺陷未能及时发现并消除。

高处坠落是指人由站立工作面失去平衡，在重力作用下坠落（坠落高度超过2m）造成伤害的事故。

1. 事故原因

(1) 临边、洞口防护缺失或缺损的情况下在其边上作业或行走。

(2) 高处作业平台踏板不满铺或强度不足或平台周边无防护措施。

(3) 悬空作业不系安全带。

(4) 在钢支撑、钢筋混凝土支撑、围檩上行走。

(5) 违章攀爬脚手架、支架。

(6) 其他违章行为。

2. 预防措施

首先要在思想上提高警惕，然后做好安全防护措施。在临边、道口做好安全防护，严禁在其边上作业或行走；高处作业平台踏板要铺满并保证足够强度；高处悬空作业一定要系好安全带；严禁在钢支撑上行走；严禁攀爬脚手架、支架；遵守安全规章、规程。

（五）起重伤害

【案例引入】

起重伤害事故

2006年6月凌晨，在上海市轨道交通××标的深基坑施工过程中，发生了一起死亡事故。当时正在架设第四根支撑时，一头已搁置到位，另一头被卡住，起重指挥工唐某违章作业，站在支撑上进行处理，由于钢丝绳过紧，当障碍排除，支撑应力释放弹起，将这名指挥工夹在第四根和第三根之间，造成内出血，送往医院抢救无效死亡。事故分析如图6-6所示。

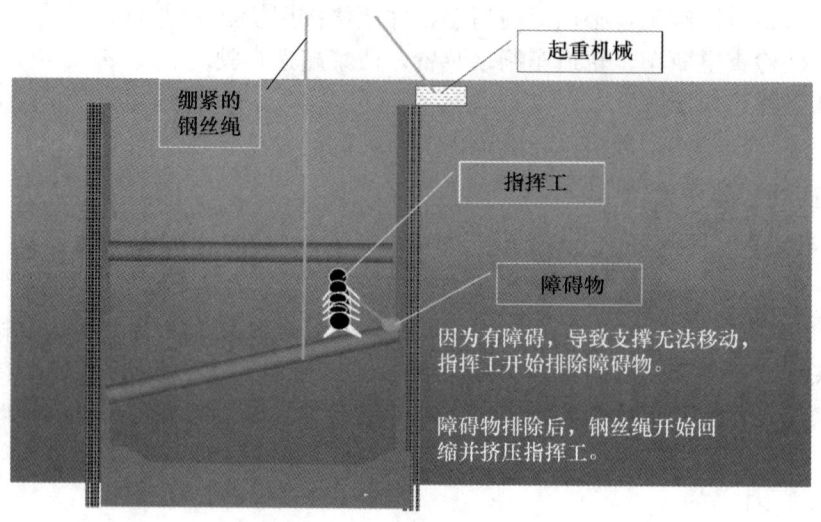

图 6-3 事故分析图示

起重伤害是由起重作业引起的伤害事故，包括安装、使用、检修各类起重机械过程中引起的伤害。

1. 事故原因

（1）无证进行吊机操作和司索、指挥作业。

（2）超载起吊、斜拉斜吊。

（3）吊物捆绑不牢靠。

（4）支腿下地基承载力不足。

（5）钢丝绳、吊钩破损。

（6）人在吊机作业范围内停留、作业。

（7）其他违章作业。

2. 预防措施

（1）吊机司机、司索人员、指挥人员必须经过按国家现行标准考核合格后，持证上岗工作。非持证人员，不得进行相应作业。

（2）严禁超载起吊、严禁斜拉斜吊。

（3）吊物捆绑必须稳固、牢靠。

（4）选择地基承载力较好的位置来作为支撑点，支腿下加钢板或枕木以分散重量。

（5）经常对吊机进行维护、保养，定期检查钢丝绳、吊钩的完好程度及时更换破损的配件。

（6）禁止在吊机作业范围内停留、作业。

（7）遵守安全纪律，严格执行吊装作业的有关安全操作规程。

（六）物体打击伤害

物体打击事故是指失控物体由于重力或惯性力引发伤害的事故。

1. 事故原因

（1）从高处往下扔物体。

(2) 高处放置的物件没有固定好。
(3) 临边、洞口防护缺失或未装踢脚板。
(4) 脚手架的立面、走道板的底部等没有挂安全网或没有按要求挂好安全网。
(5) 交叉作业没有做好防护。
(6) 进入施工区域未戴安全帽或没有按要求戴好安全帽。
(7) 其他违章行为。

2. 预防措施

(1) 严禁从高处往下扔物件。
(2) 高处放置的物（构）件确保固定好。
(3) 临边、洞口的边上一定要安装好防护栏，并按要求安装好踢脚板。
(4) 脚手架的立面、走道板的底部等必须挂好安全网。
(5) 交叉作业时，必须落实好各项安全防护措施。
(6) 进入施工现场，必须正确佩戴好安全帽。
(7) 遵守安全纪律和各项安全操作规程。

☞ 项目小结

城市轨道交通工程施工主要包括地下车站施工、高架车站施工、区间隧道施工、区间高架桥施工、轨道结构施工及机电设备安装施工等多种项目的施工。行车的安全，在很大程度上取决于施工安全。做好施工安全工作，确保行车设备、设施维修保养符合技术要求，才能使城市轨道交通顺利开展运营。

施工计划按时间可分为月计划、周计划、日补充计划及临时补修计划；按施工作业地点和性质不同可分为影响正线、辅助线行车的施工，在车辆段内的施工和在车站内不影响行车的施工。施工计划申报程序为签订安全协议，提报、执行计划，填报施工计划申报单。

施工组织管理包括设立施工领导小组，施工组织实施，运营时间内特殊情况的施工规定及施工前教育等方面。城市轨道交通系统的施工作业一般均利用周末班车通过运营结束后的非运营时间进行，并必须于运营前规定时间全部结束。

每天施工前，施工负责人应针对当天的作业项目进行安全预想、组织施工前教育，使全体作业人员达到6个明确：作业内容明确、作业地点明确、质量要求明确、携带料具明确、人员分工明确、安全措施明确。生产过程中的安全工作，要积极推行5W1H管理。

工务部门负责线路设备大修、中修及维修，使线路设备经常处于完好状态，保证行车安全，是其重要职责。本项目重点介绍设备故障与行车安全、线路施工作业安全措施，如起道作业、拨道作业、改道作业、应力放散、起打道钉、更换夹板、无缝线路养护维修安全措施；机械动力施工安全一般规定，机械动力作业安全措施，机械动力遇到不良作业条件时的规定；轨料装、运、卸安全措施，工地搬运轨料安全措施。施工防护方面重点讲解正线施工、车场线施工、发生故障时的防护措施。

夜间施工时，一般由行车调度统一指挥工程车的开行。工程车的开行对城市轨道交通的行车安全有较大的影响，学生应重点把握工程车开行注意事项。

在城市轨道交通范围内的新线、新系统、新设备和科研技改设备在安装，软硬件更换与调试、试验的安全管理方面，规范起十分重要的作用，规范可以有效保证不因设备安装，软硬件更换与调试、试验而影响正常运营的安全、效率。此部分重点介绍设备安装及调试、试验注意事项，方案管理，计划申报与实施管理，车辆行车安全等内容。

项目七　城市轨道交通安全监督管理

☞ **知识目标**

1. 了解安全管理机构的组成及各安全机构职责；
2. 了解安全检查制度及安全培训制度；
3. 掌握消防安全的相关要求。

☞ **能力目标**

1. 能够按要求组建安全责任小组；
2. 能够正确公正地执行安全检查及培训。

☞ **思政目标**

1. 树立学生岗位责任感，培养学生职业道德意识；
2. 培养学生遵守安全生产规章制度的意识理念；
3. 培养学生公平公正、严格执法的意识。

【项目导入】

韩国大邱地铁火灾

2003年2月18日上午9时，韩国大邱市1号线1079号地铁列车行驶至市中心中央车站时，一名男性乘客在车门打开的瞬间，点燃装满易燃液体的罐子，大火瞬间蔓延。在1079号地铁列车迅速燃烧时，地铁调度员仍允许另一辆列车1080号进站。此时，地铁断电、列车不能行驶，1080号列车在无法开门的情形下也随即燃烧起来，驾驶员没有采取任何果断措施疏散乘客，仍请示调度如何处理。更不可思议的是，在事故发生5分钟后，调度居然还下达"允许1080号车出发"的指令。这次火灾事故伤亡惨重，共造成198人死亡。

分析：通过以上材料，可以看出，列车驾驶员遇到紧急危险状况时的应急处理能力，以及列车工作人员的安全意识等非常重要。

任务一　安全检查与教育培训制度

一、安全生产责任制

（一）安全管理机构组成

安全管理机构由安全委员会、安全监督管理部门、安全领导小组、安全监察员组成。安全委员会由运营总部经理（安全生产第一责任人）、副经理、各部部长组成，安全监督管理部门由安全质量部担任，车务部、车辆部、维修部及综合部、人力资源部、物资部等部门建立安全领导小组，各部门设立兼职安全监察员（或安全员），部门领导分别担任各安全领导小组组长，各室、班组（车站）设立兼职安全员。

（二）安全机构的职责

安全委员会安全职责如下：

（1）贯彻执行"安全第一、预防为主、综合治理"方针。
（2）领导运营总部的安全管理工作。
（3）组织开展安全的遵章守纪教育活动，推广先进经验等。
（4）组织制定和审议各项安全管理规章制度、奖惩制度、重大安全技术措施等。
（5）按"四不放过"原则，组织对事故进行调查分析，制定防范措施。
（6）定期召开安全会议，督促隐患整改。
（7）组织检查下级安全领导小组的安全工作。

四不放过原则：原因不查清不放过；责任者得不到处理不放过；整改措施不落实不放过；教训不吸取不放过。

（三）安全检查制度

（1）安全委员会每个季度组织一次全面安全大检查，以查思想、查纪律、查管理、查意识、查设备、查安全措施及整改情况为主要内容。对成绩突出的，给予表扬奖励；对存在问题的，除限期整改外，按照运营总部考评管理规定进行考核。

（2）安全领导小组每月组织对本部门进行一次安全检查，对检查时间、内容、发现问题、整改措施和期限等应有详细的记录；本部门解决不了的问题，及时上报总部安全委员会。

（3）各室级单位每两周进行一次安全检查，要有相应的记录内容。员工岗位安全必须坚持日检制度，对发现的不安全因素应及时处理或上报。

（四）安全教育培训制度

1. 总体要求

安全宣传教育培训是企业贯彻"安全第一、预防为主、综合治理"的安全生产方针和实现安全生产管理工作规范化、程序化、科学化的基础工作。为不断提高企业领导和广大员工的安全思想意识，进一步深入开展安全教育、培训管理，每个企业都应该根据本企业的具体情况制定安全教育培训制度。

（1）新员工要接受总部、部门和岗位三级安全教育，经考试合格后才能分配到岗位工作。

（2）特种作业的员工必须进行专门培训，并经过有关部门考试取得合格证书，才能上岗操作，合格证按规定进行复核。

（3）复工、调工和五新（新材料、新设备、新工艺、新技术、新产品）作业，必须进行相关培训和训练。

（4）全体员工必须坚持经常安全学习，参加每次"安全生产周"等安全活动和全员安全考试。

2. 安全教育内容及要求

（1）新入公司职工三级安全教育。

对新员工或调换工种的员工，必须按规定经过三级安全教育及技术培训，经考核合格，方准上岗。

① 公司级安全教育（一级）：教育内容包括国家有关安全生产法律、法规、制度和标准，安全生产基本知识，消防知识，职业卫生知识，公司安全生产规章制度，作业场所及工作岗位存在的主要危害、防范措施及事故应急措施，事故案例等。员工考核合格后分配部门。

② 部门级安全教育（二级）：教育内容包括本部门生产特点、工艺流程、主要设备性能，安全技术操作规程和制度。本部门作业场所及岗位危害、防范措施及应急等。员工考核合格后分配班组。

③ 班组级安全教育（三级）：包括生产任务、特点，消防安全知识，主要生产设备结构原理、操作注意事项，岗位责任制，个人防护，工器具使用，事故案例及其预防与应对等。

（2）变换工种（岗位）安全教育，采用新技术、新工艺、新设备施工调换工作岗位时，要对操作人员进行新技术操作和新岗位的安全教育，未经教育不得上岗操作。

（3）特种作业人员教育，特殊工种作业人员必须经过本工种的安全技术教育，经考核合格发证后，不准上岗操作；上岗证每年要复审一次。

（五）运营安全奖惩制度

1）奖励：

（1）实施年度奖励制度。

（2）奖励防止或挽救事故有功人员。

（3）奖励各种安全推广活动中表现优异职工。

2）处罚：

（1）对造成一般事故或乘客受轻伤、员工受轻伤的直接责任者、次要责任者、责任者的上级管理人员，视事故性质、责任大小和经济损失程度，给予下列行政处分和处理：

① 对直接责任人，给予警告、记过、留用察看直至降级（含撤职）处分；

② 对次要责任人给予警告、记过直至留用察看处分；

③ 对责任者的直接上级管理人员给予警告直至记过处分。

（2）对造成较大事故或乘客受重伤、员工受重伤的直接责任者、次要责任者、责任者的上级管理人员，视事故性质、责任大小和经济损失程度，给予下列行政处分和处理：

① 对直接责任人，给予留用察看、降级（含撤职）直至开除处分；

② 对次要责任人给予记过、留用察看直至降级（含撤职）处分；

③ 对责任者的直接上级管理人员给予记过、留用察看直至降级（含撤职）处分。

（3）对造成重大事故、特大事故或乘客死亡、员工死亡的直接责任者、次要责任者、责任者的上级管理人员，视事故性质、责任大小和经济损失程度，给予下列行政处分和处理：

① 对直接责任人，给予开除处分；
② 对次要责任人给予留用察看、降级（含撤职）直至开除处分；
③ 对责任者的直接上级管理人员给予记过、留用察看、降级（含撤职）直至开除处分。

二、运营人身安全守则

1. 职场安全
（1）班前，要充分休息，严禁饮酒。
（2）公司员工进入职场要按规定着装并佩戴证件。
（3）在站台上作业或摆放物品工具，不准越过安全线。未经行调或获授权的值班员准许，任何人不得下到路轨上。
（4）在进入车辆段、停车场、维修基地等职场，必须时刻注意头上、脚下、前后左右的各种机车、车辆等，安全防护。
（5）穿好工作服，检查工器具状态；危险用品、用料按规定位置摆放。
（6）工作中保持场地整洁，通道畅通。
（7）下班前检查，做到工完、料净、场地清。

2. 线路安全
（1）横越线路或道口时，注意瞭望机车、车辆，执行"一站、二看、三通过"制度，不准脚踏轨面、道岔拉杆和尖轨等；严禁抢道、抓车、跳车和钻车。
（2）严禁在枕木头、钢轨、轨道心、车底下等处立、坐、休息、乘凉等。
（3）横越线路时，要留安全距离，迅速通过，不得停留。
（4）在线路上作业，禁止戴妨碍视觉、听觉的帽子等物，有冰冻时要穿防滑鞋具。
（5）在站场上作业和行走时，要随时注意两邻线来往的机车车辆，防止被车上坠落的物品等击伤。

3. 设备检修作业安全
三不动、三不离原则：未登记联系好不动；对设备性能状态不清楚不动；正在使用中的设备不动。工作完毕，不彻底试验好不离；影响正常使用的设备故障未修好前不离；发现设备有异状时，未查清原因不离。

任务二　城市轨道交通消防安全监督管理

城市轨道交通在运营期间可能发生的灾害分为自然灾害和人为灾害两大类。从世界城市轨道交通100多年的历史教训来看，城市轨道交通灾害中发生频率最高、造成损失最大的是火灾事故。历史上的影响较大的地铁火灾事故有1991年的德国柏林发生地铁火灾，18人被送医院急救；2003年，英国伦敦发生地铁列车撞月台引起大火事故，至少造成32人受伤以及韩国大邱地铁人为纵火事故等。

在城市轨道交通系统的众多危险因素中，火灾的危险度是最高的；特别是对地铁来说火灾可谓"第一天敌",所以,对以地铁为主的城市轨道交通系统来说,消防安全非常重要。

一、城市轨道交通火灾特点

城市轨道交通大部分运行于由车站和隧道构成的相对封闭的空间内,人员和设备高度密集。由于相对封闭的环境特点,城市轨道交通发生火灾比地面建筑物中发生火灾更具危险性。城市轨道交通火灾的主要特点如下所述:

(一) 城市地铁建筑工程与地面建筑不同

地铁建筑由地铁的干线、候车大厅、站台、控制室等部分组成,只有室内空间,而且其空间连续性强,防火困难;地铁工程的出入口少,一旦发生火灾,出入口还必须具有排烟、散热、人员疏散和消防队员扑救的入口的功能;整个地铁都使用人工采光,系统用电量很大,因电气设备发生的火灾不容忽视;地铁空间湿度大,容易造成因电气设备受潮导致火灾;地铁的鼠害也不容忽视,它们咬破电缆等很容易造成电气线路短路起火。

(二) 人员心理恐慌程度大,行动混乱程度高

地铁区间隧道出入口少、通道窄、疏散距离长、人员多,造成的人员恐慌和行动混乱程度比在地面建筑物中严重得多,易发生拥挤、踩踏事故。

(三) 浓烟疏散难度大

地铁火灾的一个最重要特征是形成浓烟和热气浪,同时产生大量的有毒气体,这对人员疏散是十分不利的。地铁内部封闭的环境使物质不易充分燃烧,火灾时可燃物的发烟量很大,而地铁的进排风只靠少量的风口,机械通风系统发生故障时很难依靠自然通风补救,烟雾的控制和排除都比较复杂。浓烟积聚不散,对人员逃生和火灾扑救都带来很大的障碍。

(1) 烟气对人的眼睛、喉咙、气管有刺激。日本自治省消防厅研究所资料表明:当烟气浓度按减光系数达到 $0.1/m^2$ 时,人的行进速度将急剧下降,这时,人的思考力和判断力也随之下降;当减光系数达 $0.6/m^2$ 时,人的步行速度等于零,已无法自行脱险。在相同浓度的烟气层内,人员处在长通道的地下空间比在一般地上空间更容易造成恐慌。

(2) 地铁火灾容易形成气浪。因为地铁工程散热排烟口少,燃烧产生的热除加热可燃物外,大量的热加热地铁内的烟气,使气体体积膨胀,造成烟气流动速度加快,而形成高温热气浪,给人员疏散带来困难。

(3) 浓烟使疏散指示器照明减弱,甚至失去指示功效。实验结果表明,当疏散走道上的照明度小于 1lx 时,人员就会开始发生心理动摇。

(4) 烟气流动方向与疏散方向相同,疏散人员需要与烟气进行"你死我活"的赛跑。地铁火灾时烟气的前锋流速为 1.75m/s~2.4m/s,而人员的疏散速度在照明系统正常的情况下,只有烟气速度的一半。

(5) 地铁火灾后,新鲜空气补充较慢,使气体"中性带"降低,结果底层烟量增大,有毒气体增多,致使疏散迟误者中毒身亡。

(四)温度上升快

由于地铁建筑物是一个相对封闭的空间,发生火灾后,大量的热量积聚无法散去,空间温度升高很快。高温会造成气流方向的变化,对逃生人员影响较大。

(五)人员疏散难度大

人员从地铁内部到地面开阔空间的疏散有一个垂直上行的过程,因人员数量多、行动缺乏一致性,从而影响疏散速度。同时,自下而上的疏散路线与内部烟和热气流自然流动的方向一致,所以人员的疏散必须在烟和热气流的扩散速度超过步行速度之前完成。这一时间差较短,难以控制,人员的疏散较为困难。

(六)扑救困难

由于地下空间限制,加上浓烟、高温、缺氧、视线不清、通信中断等原因,救援人员很难了解现场情况;且大型的灭火设备无法进入现场,救人、灭火困难大,救护工作十分困难,具体表现如下:

(1)由于浓烟或停电造成一片漆黑,使得火场指挥员无法迅速确定起火点。

(2)地铁是长通道空间,而每个呼吸器使用时间有限,消防救护人员佩戴呼吸器进行一次性活动的范围受到限制。

(3)在地铁内的消防队员,既要经受辐射热的照射,又要经受高温气浪的冲击,接近火点是相当困难的。

(4)灭火剂的使用。一般来说,卤代烷1211、卤代烷1301和二氧化碳灭火器,灭火效果是非常理想的,但是地下空间火灾时,上述灭火剂不宜使用。

(5)进口少,消防队员之间难以进行战术配合。

(七)通信系统容易瘫痪

地铁火灾时,水流和高温对通信器材的影响,使消防员携带的普通无线电对讲机不能正常工作,甚至整个通信系统容易陷入瘫痪状态。

二、城市轨道交通消防安全的危害因素

(一)电气线路、电气设备故障引发火灾

城市轨道交通车站(含城市轨道交通列车)内电气线路、电气设备高度密集,这些电气线路和设备在运行中发生短路、过负荷、过热等故障是引发城市轨道交通火灾事故的重要因素。

(二)人为因素引发火灾

工作人员违章操作、用火不慎,乘客携带易燃、易爆、危险品乘车,在城市轨道车站内吸烟,人为纵火等也可能引发城市轨道交通火灾事故。

(三)环境因素引发火灾

引发火灾的环境因素主要包括城市轨道交通内部潮湿、高温、粉尘大、鼠害等。城市轨道交通内部通风不畅、隧道散热不良等导致温度过高;隧道内漏水情况比较普遍,地下湿气不易排出,导致地下空间湿度大;老鼠等小动物啃咬电缆电线。上述环境因素可能造成电气设备、线路绝缘性能下降,导致电气设备因短路引起火灾。

(四) 与城市轨道交通车站合建的外来建筑物带来的危害因素

特别是位于中心闹市区的城市轨道交通车站，常常与地面商业建筑合建。由于商场、车库、写字楼等商业场所具有较高的火灾风险，同时此类场所的风险管理和控制工作通常不由城市轨道交通企业控制，因此较城市轨道交通运营本身而言相对薄弱一旦发生火灾、爆炸及其他灾害，不仅可能对城市轨道交通的正常运营带来影响，严重时甚至可能造成城市轨道交通财产和人身方面的重大损失。

三、城市轨道交通消防安全管理

城市轨道交通消防安全管理总的要求如下：城市轨道交通的消防安全管理应在当地政府的统一组织协调下，建立由政府相关部门（包括公安、消防）与运营单位及供电、通信、供水和医疗等单位密切协作、运转高效、分工明确的报警接警、监控和抢险救援机制。

城市轨道交通运营单位应制定安全管理责任制度，按照国家现行有关消防法律、法规、规章（以下统称消防法规）落实消防安全责任制。国家有关部门和单位应根据相关标准对城市轨道交通中使用的设施、设备的设计、制造、安装与使用制定相关的安全管理办法和技术要求；城市轨道交通运营单位应结合本单位实际制订单位及各部门的灭火和应急疏散预案，定期组织演练，提高先期应急处置能力。各单位应当遵守有关消防法规，贯彻"预防为主、防消结合"的消防工作方针，正确处理好运营与安全的关系，建立科学的消防设施管理体制，保证轨道交通的安全运营；城市轨道交通运营管理部门应结合运营特点制订完善的消防安全管理制度，对消防组织、消防安全责任、消防安全教育和培训、防火检查、消防值班、消防设施（器材）管理、动火管理、消防安全隐患整改、消防应急预案及演练、消防档案管理等方面进行规范，对消防安全进行严格管理。

城市轨道交通运营管理部门应按照现行有关消防法规和技术规范的要求配置消防设施、器材，并在工程设计中积极采用先进的防火、灭火技术，选用先进可靠的防火灭火设施、器材。应依据现行有关消防法规和技术规范设置防火灾、水淹、风灾、冰雪、地震、雷击和停车事故等防灾设施，并以防控火灾的消防设施、器材为主。

城市轨道交通的消防安全管理工作和消防监督工作，还应符合国家现行的其他有关法律法规的规定。其消防安全设计、施工、验收管理应符合现行有关消防法规和技术规范的规定，并经国家规定的公安消防监督机构审查和批准。

（一）火灾原因分析

1. 管理方面的原因

管理上的疏漏是造成火灾的主要原因，即地铁公司没有制订严格的管理制度，使得众多安全隐患存在。以韩国大邱地铁火灾为例，正是由于地铁公司的疏漏，没有对上车旅客进行安全检查，导致纵火犯轻松地将汽油带上列车。再者，如果地铁有保安或警察的话，惨剧也许就不会发生；而更让人难以相信的是，地铁车厢里竟然没有配备灭火器，管理者如此麻痹大意，事故责任难以推脱。

2. 列车材料的因素

地铁车厢有很多易燃品，如座位所用的装饰材料多是易燃材料，这种材料一旦着火便难以控制。

3. 人的因素

人的因素是造成大多数事故发生的最主要原因。人的行为加上物的不安全状态导致危险,而危险会不会最终演变成事故,取决于人们面对危险所采取的措施正确与否。

(二) 防火安全管理

1. 严格管理制度,分解管理职责

管理人员(包括负责人)应该轮流接受安全教育培训。管理部门应该制订科学、严格的管理制度,规范安全防范措施。管理部门应该将管理职责具体分解到各个部门和人员,并且有检查监督机构和奖罚制度。为防止爆炸和纵火等罪犯进入地铁,地铁内应有严格的监控措施,在各站入口处、车厢内、过道处和隧道壁上设置自动监测、检查和记录设备,以便能及时发现上述罪犯,并由警方及时采取措施处置。管理人员在上岗前除应受到严格的安全技术、医护急救和消防知识培训外,每年还要接受定期训练,以便学习和掌握现代化安全、医护急救和消防,使之能在灾难面前沉着冷静,协助消防人员减少火灾造成的损失。

2. 设置火灾控制系统

设置火灾控制系统时应尽可能将消防控制室与变配电室设置在地面建筑内。火灾控制系统应具备接受火警,指挥安全疏散,开启消防泵,固定灭火装置及防、排烟设备,关闭防火门,关闭电源等功能。各防火区的防火卷帘应与自动喷淋系统联动,大型中心车站应设置感温、感烟报警器和自动喷淋装置。地铁内应设置事故电话和人工报警按钮。在隧道两侧应设置消防专用门,内装室内消火栓、通信插座、移动式照明电缆设备。作为地铁工程专用水枪应具有直流、喷雾、开花的功能。在疏散通道明显部位,还应配置呼吸器。由于地铁内空气对流差,湿度大,因此,电器设备和线路应具有防潮、防霉性能。隧道内的电缆管线应用搪瓷板、石棉纤维板隔热防火。变、配电室应设置独立的通风排烟系统,配备卤代烷1211灭火器。疏散指示灯的电源电压应采用36V,并有备用电源。

3. 设置现代化的防灾中心

地铁由于乘客众多而且人数不定,故装设了警报设备、通信设备、引导疏散设备、排烟设备、消防设备等,以便在火灾和地震等灾害发生时,确保旅客的安全。

为监视控制这些防灾设备使之能有机地结合和有效地工作,必须设置防灾中心。防灾中心是管理支配防灾设备的场所,对火灾控制设备起监视控制的作用,当地下车站或隧道内发生火灾等情况时,这些设备能够迅速、可靠地引导乘客疏散和进行灭火工作,故防灾中心应该设在站务室内。

4. 改善地铁列车通风

由于地铁运行的环境为完全封闭的地下隧道以及地铁车厢构造的特殊性,地铁的通风尤为重要。根据国内外资料统计结果,地铁火灾时造成的人员伤亡,绝大多数是由烟雾中的有毒气体熏倒中毒或窒息所致。因此,有效的排烟已成为地铁火灾时重要的救援措施。

国外地铁列车客室通风系统主要有两种方式:

(1) 采用离心式风机集中风源、管路送风、均布器布风等方式。例如,上海地铁由德国进口的地铁列车在通风设计上将各节车厢贯通,使列车在速度变化时利用空气的惯性增加乘客的风感。

（2）夏季进入客室的空气首先经过空调降温再被进风机送入客室，完成换气和降温的任务，也可采用离心式风机分散风源。例如，莫斯科地铁无空调，采用安装在座位下的分散离心式风机进风、车顶引流式排风的方案。由于强迫通风与气体自然流动的方向一致，气流组织较合理，列车通风系统湿度负荷很小，通风效果也较好，进风不直接吹向旅客，客室内舒适度良好。一般的地铁列车没有空调系统，宜采用分散式通风方式。

5. 设置应急预案措施

应急预案措施如下：

（1）列车在运行过程中发生火灾应尽可能驶向前方车站，利用车站站台疏散乘客，利用车站隧道防排烟系统排除烟气。如果列车停在区间，隧道通风系统根据多数乘客疏散相反方向送风，送风的强度和时间长短应根据实际情况严格掌握。

（2）当同一区间的其中一条隧道发生火灾时，另一条隧道也应立即停止正常行车。

（3）防排烟系统的火灾运行模式应经过多次实地试验，确定最佳组合。

（4）火灾安全疏散程序应经常进行模拟演练，不断检查各部门、各工种的互相协调、互相配合以及快速反应能力、提高安全疏散能力和综合救援能力。

6. 其他措施

（1）加强对地铁内各种消防设施设备的经常性维修保养，并做到五查：查站内用电设施、查登记、查重点部位（站内仓库、储物间等）、查硬件设施设备情况、查贯彻落实，使之能保持最佳工作状态和延长使用寿命。

（2）各有关部门应该始终坚持"以人为本"的原则，提高工作人员的综合素质，加强安全管理，消除地铁火灾隐患。

（3）加强地铁防火知识的经常性宣传，提高群众的防火意识。

四、防火灭火基本知识

（一）"火"的知识

1. 火产生的三个必备条件

"火"其实是物质燃烧的一种现象。燃烧是指可燃物与氧气或氧化剂作用发生的放热反应，通常伴有火苗和发烟的现象。燃烧必须同时具备3个条件：

（1）要有可燃物，如火柴、油品、木材、纸张等。

（2）要有助燃物，一般是指空气中的氧气或氧化剂。

（3）要有火源，凡能引起可燃物质燃烧的热能源都叫火源，如明火、电火花、雷击、化学反应等。

以上3个条件必须同时具备，并相互结合、相互作用，燃烧才会发生。燃烧根据表现形式不同可分为着火、自燃、闪燃、爆炸。燃烧被人们控制利用，可以造福人类，但一旦失去控制，将会造成极大危害。火灾是指在时间和空间上失去控制的燃烧所造成的灾害。火灾具有极大的危害性，主要表现在两个方面：①人员伤亡；②财物损失。因此灭火的基本原理和一切防火措施都是为破坏已经产生的燃烧条件，即主要采取隔离、窒息、冷却的办法，除掉3个条件造成燃烧的任何一个条件，使火熄灭。

2. 引起火灾的火源

能引起火灾的火源很多,一般来说可以分为直接火源和间接火源两大类。

(1) 直接火源。

明火:生产、生活用的焊接火、炉火、灯火以及火柴或打火机的火焰、香烟头等。

电火花:电气设备产生的电火花,它能引起可燃物质起火。

雷电:瞬时间的高压放电,能引起任何可燃物质的燃烧。

(2) 间接火源。

加热阴燃起火,如棉布、纸张靠近灯泡,木板、木器靠近火炉烟道容易被烤焦起火。

物品本身自燃起火,指在既无明火又无外来热源的条件下,商品本身自行发热,燃烧起火。

3. 防火基本知识

一切防火措施都是以防止燃烧的 3 个条件同时出现目的。

(1) 控制可燃物。如以难燃或不燃材料代替易燃材料,对性质相互抵触的化学危险物品采用分仓、分堆存放等。

(2) 隔绝助燃物,如对密闭容器抽真空,在容器内充入惰性气体等。

(3) 消除火源。如在易燃易爆场所严禁烟火,在有火灾危险的场所严格控制电焊、气割等动火作业。

4. 灭火基本知识

火灾通常都有一个从小到大、逐步发展、直到熄灭的过程,火灾过程一般可以分为初起、发展、猛烈、下降和熄灭 5 个阶段。在火灾初起阶段(一般为着火后 5min～7min),燃烧面积不大,火焰不高,辐射热不强,是扑救的最好时机,只要发现及时,用较少的人力和应急消防器材就能将火控制或扑灭。

灭火的基本方法是根据起火物质的燃烧状态,为破坏燃烧必须具备的基本条件而采取的一些措施。灭火的基本方法有以下几种:

(1) 冷却法,是指将灭火剂直接喷洒在可燃物上,使可燃物的温度降低到燃点以下,从而使燃烧停止。如水、酸碱灭火器、二氧化碳灭火器等均有一定的冷却作用。

(2) 窒息法,是指采取措施,阻止空气进入燃烧区,或用惰性气体降低空气中的含氧量,使燃烧物质因缺乏氧气而熄灭。如用湿棉被、湿麻袋覆盖在燃烧着的液化石油气瓶上。

(3) 隔离法,是指将附近的可燃物质与正在燃烧的物品隔离或者疏散开,从而使燃烧停止。如拆除与火源相毗连的易燃建筑结构,建立阻止火势蔓延的空间地带。

(4) 化学抑制灭火法,是指将化学灭火剂喷入燃烧区参与燃烧反应,中止链反应而使燃烧反应停止。最常见就是用灭火器向着火点喷射灭火。

(二) 危险源控制

城市轨道交通运营单位应根据当地实际情况和轨道交通设施状况、人员特点等制订相应的火源控制管理规定。严格限制可燃物品的使用,并制订可燃物品安全使用管理规定。

1. 限制可燃物

车站内应严格控制可燃材料，车站建筑装修材料和列车车厢内装饰材料的选用应符合相关的设计规范；车站站厅乘客疏散区、站台及疏散通道内不得设置商业经营场所；车站站厅内严格按相关消防安全技术规范限制商业经营场所占用面积的比率和数量，并加强消防安全管理；车站站厅、站台列车车厢和管理用房内的垃圾应及时清理，可燃垃圾堆积时间不应超过一昼夜。

2. 吸烟管理

车站站厅、站台、列车车厢、管理用房和隧道内严禁吸烟；在车站站厅、站台、列车车厢、管理用房内应张贴写有"严禁吸烟"的标志。

3. 明火（动火）管理

车站站厅、站台、列车车厢、管理用房和隧道内严禁使用明火，必须使用明火作业时，应在动火前按程序申报并采取必要的消防监护措施。

4. 电气火源控制

应定期巡检和维护机电设备设施中的变压器、带油电气设备；各级配电设备应安装完善的过负荷、漏电、欠压、过压等保护电路和报警装置，各类电气设备应加装防止打火、短路的装置；定期对运行车辆上的电气设备、电气线路进行检查维修，及时清除列车运行线路上的导电体，防止受流器、电缆电线短路放弧引起列车火灾。

5. 燃气控制

车站站厅、站台、列车车厢、管理用房和隧道内严禁使用可燃燃气，工程作业中必须使用燃气设备时，应按程序申报并采取必要的消防监护措施。

6. 采暖控制

车站站厅、站台、列车车厢和管理用房内不得采用明火、电炉和电热采暖器采暖，采暖散热器表面平均温度不应超过 80℃。

7. 用油系统控制

城市轨道交通中的用油系统应按操作规程操作，并应定期巡检和维护；废油应密闭在专用的防火容器内并及时清运出去，溅洒在地板上的油应及时清理干净，防止废油流入下水道。

8. 易燃易爆化学危险品控制

车站入口处应张贴有禁止乘客携带易燃易爆化学危险品进入车站内或乘坐列车的警告标志。工作人员对发现有携带易燃易爆化学危险品的乘客，应责令其出站。

工作人员因工作需要携带时，应按程序申报并采取必要的消防监护措施。易燃易爆化学危险品的携带、使用和剩余用量应采取严格的登记制度；工作人员因工作需要携带的易燃易爆化学危险品应与乘客分开进出车站和乘坐专用列车。对于车站内无主或无人认领的包裹行李应立即转移至远离乘客的安全区域。

五、消防安全管理职责要求

城市轨道交通运营单位为消防安全重点单位，应建立消防安全责任体系，明确逐级岗位消防安全职责。其消防设计应有保障消防安全疏散的设施及通道，运营单位应保障消防安全疏散通道及设施完好、可用，落实消防安全措施。运营单位应建立与当地公安消防机构联系制度，及时反映单位消防安全管理工作情况。

（一）消防安全责任人

城市轨道交通运营单位的法人代表或主要负责人是单位的消防安全责任人，对本单位的消防安全工作全面负责，并应履行下列职责：

贯彻执行消防法规，保证单位消防安全符合规定，掌握本单位消防安全情况；组织编制和审定本单位消防应急预案；组织审定与落实年度消防安全工作计划和消防安全资金预算方案；确定本单位逐级消防安全责任，任命消防安全管理人，批准实施消防安全制度和保证消防安全的操作规程；组织建立消防安全例会制度，每月至少召开一次消防安全工作会议；每月至少参加一次防火检查；组织火灾隐患整改工作，负责筹措整改资金；消防安全责任人应当报当地公安消防机构备案。

（二）消防安全管理人员

城市轨道交通运营单位的消防安全管理人应由消防安全责任人任命，并应履下列职责：

拟订年度消防工作计划和消防资金预算方案；协助组织编制和审定本单位消防应急预案；组织制订消防安全制度和保障消防安全的操作规程；组织实施防火检查，每月至少一次；组织整改火灾隐患；组织建立消防组织，每半年至少组织一次消防宣传教育、灭火和应急疏散演练；消防安全责任人委托的其他消防安全管理工作；向消防安全责任人报告消防安全工作情况，每月至少一次；消防安全管理人应当报当地公安消防机构备案。

（三）部门主管人员

1. 车站站长（值班站长）

车站站长（值班站长）上岗前应经运营单位培训合格，并应履行下列消防职责：贯彻执行有关消防法规，保障车站安全符合规定，及时掌握车站消防安全情况；制订车站年度消防工作计划和消防资金预算方案并组织实施；协助组织制订、修改和完善车站消防应急预案；每月至少组织一次车站防火检查，及时消除能够整改的火灾隐患，对不能整改的，提出整改意见；每半年至少组织一次车站消防宣传教育、灭火和应急疏散演练；发生火灾时能够按照车站消防应急预案及时组织疏散乘客、扑救火灾并向有关部门报告火灾情况，协助灾后调查火灾原因；每月至少一次向消防安全责任人或消防安全管理人报告消防安全工作情况。

2. 控制中心主任（值班主任）

控制中心主任（值班主任）上岗前应经消防专业培训合格，并应履行下列消防职责：贯彻执行有关消防法规，保障调度系统安全符合规定，及时掌握调度系统消防安全情况；制订调度系统年度消防工作计划和消防资金预算方案并组织实施；协助组织制定、修改和完善控制中心消防应急预案；每月至少组织一次调度系统防火检查，消除火灾隐患；每半年至少组织一次调度系统消防宣传教育、灭火和应急处置演练；发生火灾时能够按照控制中心消防应急预案及时组织各调度处理火灾事故、疏散乘客、扑救火灾并向有关部门报告火灾情况；协助灾后调查火灾原因、积极组织撰写火灾事件处理经过并向有关部门汇报；审批施工作业日计划和临时计划，对有安全隐患的计划进行调整；

每月至少一次向消防安全责任人或消防安全管理人报告消防安全工作情况。

（四）消防安全员

城市轨道交通运营单位应确定专、兼职消防安全员。消防安全员一般规定应履行下列职责：分析研究本部门、岗位的消防安全工作，及时向上级报告；确定本部门、岗位的消防安全重点部位，实施日常防火检查、巡查；接受安排落实火灾隐患整改措施；管理、维护消防设施、灭火器材和消防安全标志；协助开展消防宣传和消防安全教育培训；协助编制消防应急疏散预案，组织演练；记录消防工作落实情况，完善消防档案；完成其他消防安全管理工作。

1. 环控调度人员

（1）负责全线各车站消防等机电设备的全面监控，及时掌握各车站消防设备的运行状况。

（2）对火灾事故的报警，应认真确认、分析现场情况，及时通报行车调度、电网调度和值班主任。

（3）在发生火灾事故时，能够按照控制中心消防应急预案，通过调动环控设备执行合理的通风模式，引导乘客和工作人员进行安全疏散。

2. 行车调度人员

（1）负责对列车安全运行状况的监控。

（2）发生火灾时，能够按照控制中心消防应急预案及时指挥着火列车运行、灭火和乘客的安全疏散，并调整后续列车的运行。

（3）与车站值班站长和列车司机保持联系，随时掌握列车运行、灭火和乘客疏散情况。

（4）引导乘客和工作人员进行安全疏散，并尽量减少财产损失。

3. 电网调度人员

（1）负责轨道交通安全运行的电网保障。

（2）发生火灾时，能够按照控制中心消防应急预案及时切断相关电网的牵引电流和设备电流。

（3）通知变电所值班人员注意设备运行，保证排烟系统的电源供应。

（4）通知接触网专业工作人员配合灭火，检查设备和电缆情况，防止乘客触电。

4. 维修调度人员

（1）负责轨道交通安全运行的设备和通信保障。

（2）发生火灾时，能够按照控制中心消防应急预案及时通知相关车间轮值工程师，必要时启动抢修程序，尽可能保障轨道交通设备和通信系统的正常运行。

5. 自动消防系统操作人员

自动消防系统的操作人员应经消防专业培训合格后持证上岗，并应履行下列职责：

（1）掌握自动消防系统的工作原理和操作规程，能够熟悉使用和操作各种系统。

（2）负责对消防设施的每日检查，并认真填写各种消防设施值班和运行记录，定期对各种消防设施进行检查，保证自动消防设施的完好有效。发现故障应及时排除，不能排除的应报告消防安全管理人。

（3）核实、确认报警信息。

（4）熟练掌握火灾和其他灾害事故紧急处理程序，发生火灾时，根据消防应急预案启动相关消防设施。

6．列车司机

列车司机除熟练掌握列车驾驶知识外，还应经消防专业培训合格后持证上岗，并应履行下列职责：

（1）掌握列车火灾应急预案和应急处理办法。

（2）每日检查列车消防设施和报警通信设施功能，发现故障应及时排除，不能排除的应报告消防安全管理人、消防安全责任人。

（3）发生火灾时，用标准用语进行广播宣传和疏散引导，稳定乘客情绪，引导乘客使用车内灭火器灭火和进行紧急疏散。

（4）将列车着火情况及时报告控制中心或值班站长。

7．其他人员

其他人员应严格执行消防安全制度和操作规程，参加消防安全培训及灭火和应急疏散演练，熟知本岗位火灾危险性和消防安全常识，发生火灾时及时引导乘客安全疏散。

（五）承包、租赁、合作或委托经营

城市轨道交通车站站厅内按规定设置的商业场所，实行承包、租赁或委托经营、管理时，应接受和服从运营单位消防安全管理。运营单位应提供符合消防安全要求的建筑物，订立的合同中应明确消防安全责任。

任务三　火灾救援、自救与逃生方法

一、地铁火灾救援

（一）突发火灾时的人员疏散

发生火灾时，人员会因一氧化碳中毒、缺氧窒息、火烧或高温烘烤以及建筑物倒塌而产生伤亡。安全疏散的目的是要在火灾对人员构成危害之前，将人员安全疏散。

允许疏散的时间取决于火灾强度、烟雾浓度和对人体的危害、防排烟设施及建筑物的耐火能力等因素。据测试，人们在地铁火灾事故中如果不能在6min内迅速有效地逃生，就很难有生还的可能。地铁火灾根据地铁发生火灾地点，划分为列车在区间隧道内发生火灾、列车在车站发生火灾和车站内本身发生火灾三大类。

1．列车在区间隧道内发生火灾的安全疏散

（1）列车在区间隧道内发生火灾时，应尽量驶入前方车站，利用前方车站来疏散乘客。如果列车不能驶入前方车站，停在区间隧道，必须紧急疏散乘客。

（2）列车头部着火时，驾驶员应组织乘客迅速从车尾下车后步行至后方的车站，运营控制中心应开启隧道通风系统紧急模式，向列车前进方向送风，使烟雾远离乘客。

（3）列车车尾着火时，驾驶员应组织乘客从车头迅速下车后步行至前方车站，运营

控制中心应开启隧道通风系统紧急模式,向列车后退方向送风。

(4) 列车中部着火且停在近前方车站时,驾驶员应组织乘客从两端下车后分别步行至前后方车站,运营控制中心应开启隧道通风系统紧急模式,向列车前进方向送风,使烟雾远离尾部乘客,而列车头部乘客因距离前方站较近,不会受到烟雾伤害。

(5) 列车中部着火且停在近后方车站时,驾驶员应组织乘客向两端疏散,运营控制中心应开启隧道通风系统紧急模式,向列车后退方向送风,使烟雾远离头部乘客,而列车尾部乘客因距离后方站较近,不会受到烟雾伤害。

(6) 列车中部着火且停在区间中部,驾驶员应组织乘客向两端疏散,运营控制中心应开启隧道通风系统紧急模式,向列车前进方向送风,使烟雾远离尾部乘客。此时,本区间的列车运行立即中止,另一条隧道也应立即停止正常的行车。列车在区间隧道内发生火灾的处理程序,如图7-1所示。

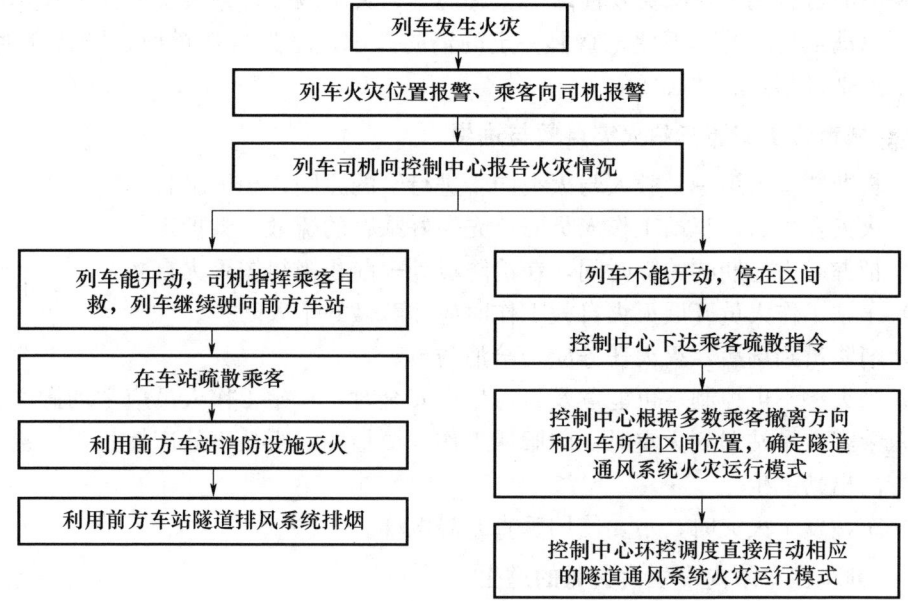

图7-1 列车在区间隧道内发生火灾的处理程序

2. 列车在车站发生火灾的安全疏散

如果列车在车站发生火灾,应该立即执行紧急疏散计划,停止线路上的其他列车开行和其他乘客进入火场,并利用车站楼梯、出入口疏散乘客。疏散的具体程序与"车站内火灾的安全疏散"大致相同。

车站内火灾分为站台火灾和站厅火灾,火灾发生时应立即采取紧急措施,第一时间安全疏散乘客,同时停止车站空调系统,将地铁站的普通通风空调模式改为火灾情况下的通风模式。

地铁站发生火灾的情况类似地下建筑物发生火灾,因此,地铁相应设施的防火措施和车站站台、站厅紧急疏散程序的制订可以参考我国现行的相关防火疏散规范。不过,地铁站人员高度集中,出入口少,制订疏散程序时主要应考虑以下三方面:①将火灾报警、疏散乘客等措施的实施与地铁及地铁站工作人员的职责结合起来,明确责任,提高救援效率;②宣布火灾紧急疏散计划,及时报告控制中心;③关掉非疏散指引所需的广告灯箱等的电源，启动火灾情况下的通风系统模式。

(二) 救援队伍的组织

救援人员从结构上可分为驾驶员、车站工作人员、专业救援人员 3 个层次。应加强对前两个层次救援人员的应急培训，这对火情的控制和人员的疏散起到很大作用。不能单纯等待和依靠第三层次的专业力量来进行人员救援和火灾扑灭工作。

二、自救与逃生方法

许多火灾事故中，有的人能火里逃生，有的却丧身火海，这固然与火势大小、起火地点、起火时间、建筑物内消防设施、扑救是否及时等因素有关，但受害者在火场是否能够积极自救、互救而成功逃生也至关重要，能否成功从火场逃生取决于被困者的自救知识和相应的自救能力，除突发性爆炸、爆燃等火灾事故外，绝大多数火灾现场的被困人员是可以逃生自救的。因此，掌握一定的消防知识，增强自救意识，提高逃生技能，对每一个人来说都是非常必要的。

(一) 城市轨道交通车站火灾自救与逃生

(1) 贯彻"救人第一，救人与灭火同步进行"的原则，积极施救。

(2) 火灾发生后，车站工作人员应首先做好乘客的疏散、救护工作。

(3) 把握起火初期的关键时间，在消防员到来前积极组织灭火自救。

(4) 车站工作人员开展灭火自救工作时应注意做好个人防护。

(5) 消防员到场后，灭火任务应交给消防员。

(6) 当火势不可控制，可能危及自身生命安全时，车站工作人员应主动撤离。

(7) 乘客在车站遇到火灾时，应服从工作人员指挥，听从事故广播指引，沿疏散标志指示方向出站逃生。

(8) 车站发生火灾时，不要使用垂直升降电梯。

(二) 列车在车站内发生火灾时的逃生

(1) 乘客应保持镇静。

(2) 按压车厢内的紧急情况按钮或紧急通话器，通知司机车厢内发生的情况。

(3) 在可能的情况下，使用车载灭火器灭火。

(4) 必要时可拉下列车车门紧急解锁手柄，向两侧用力推开车门。

(5) 向站外方向疏散。

(三) 列车在隧道内发生火灾时的逃生

(1) 乘客应保持镇静。

(2) 按压车厢内的紧急情况按钮或紧急通话器，通知司机车厢内发生的情况。

(3) 在可能的情况下，使用车载灭火器灭火。

(4) 列车将会尽可能到车站进行人员疏散，因此，乘客应听从列车广播的指挥，千万不要惊慌失措，不要乱动车厢内其他设备。

(5) 列车无法到达前方车站而又需要紧急疏散的情况下（因隧道内紧急疏散设计不同，各条线路的隧道内疏散方式是不同的），车厢内乘客应该听从列车广播的指挥。

☞ **项目小结**

城市轨道交通在运营期间可能发生的灾害分为自然灾害和人为灾害两大类。对地铁来说，火灾可谓"第一天敌"，故对以地铁为主的城市轨道交通系统来说，消防安全非常重要。

城市轨道交通火灾的主要特点：城市地铁建筑工程与地面建筑不同；人员心理恐慌程度大，行动混乱程度高；浓烟疏散难度大；温度上升快；人员疏散难度大；扑救困难；通信系统容易瘫痪。城市轨道交通消防安全的危害因素主要包括电气线路、电气设备故障引发火灾；人为因素引发火灾；环境因素引发火灾；与城市轨道交通车站合建的外来建筑物带来的危害因素。

城市轨道交通的消防安全管理应在当地政府的统一组织协调下，建立由政府相关部门（包括公安、消防）与运营单位及供电、通信、供水和医疗等单位密切协作、运转高效、分工明确的报警接警、监控和抢险救援机制，并应按照现行有关消防法规和技术规范的要求配置消防设施、器材。消防安全设计、施工、验收管理应符合现行有关消防法规和技术规范的规定，并经国家规定的公安消防监督机构审查和批准。

火灾原因大致有 3 个：管理方面的原因、列车材料的因素、人的因素。防火安全管理要做好以下工作：严格管理制度，分解管理职责；设置火灾控制系统；设置现代化的防灾中心；改善地铁列车通风；设置应急预案以及其他安全措施。火产生有 3 个必备条件：可燃物、助燃物、火源。能引起火灾的火源可以分为直接火源和间接火源两大类。灭火的基本方法有冷却法、窒息法、隔离法、化学抑制灭火法。火灾危险源的控制应放在限制可燃物、吸烟管理、明火（动火）管理、电气火源控制、燃气控制、采暖控制、用油系统控制和易燃易爆化学危险品控制等方面。

城市轨道交通运营单位的消防安全管理人应由消防安全责任人任命，并履行相应职责。部门主管人员，如车站站长（值班站长）、控制中心主任（值班主任），消防安全员都应承担相应的职责。

城市轨道交通中常用的设施和消防器材有消火栓给水系统、自动喷水灭火系统、机电设备监控及火灾自动报警系统、气体灭火系统、灭火器。

地铁发生火灾，首要的问题是要保证人员安全撤离。在救援方面应从突发火灾时的人员疏散和救援队伍的组织两个方面考虑。掌握一定的消防知识，增强自救意识，提高逃生技能，对每一个人来说都是非常必要的。本项目重点介绍城市轨道交通车站火灾自救与逃生、列车在车站内发生火灾时的逃生、列车在隧道内发生火灾时的逃生方法等内容。

项目八　突发事件及事故的应急处理

☞ **知识目标**

1. 了解运营突发事件及事故的定义、处理原则及分类；
2. 掌握突发事件及事故报告、调查方式、责任判定的规则。

☞ **能力目标**

1. 能够对运营事故进行正确分级分类；
2. 能够在运营事故发生后正确地报告并进行调查，合理地进行责任判定。

☞ **思政目标**

1. 树立学生岗位责任感，培养学生职业道德意识；
2. 培养学生遵守安全生产规章制度的意识理念；
3. 培养学生公平公正、严格执法的意识。

【项目导入】

日本地铁事故应急处理

日本拥有的城市地铁线路很长。由于日本地震灾难的频发性，地铁作为受影响最小的交通工具在国家交通体系中具有较高的地位。特别是东京地铁建成通车以来，还曾用做战争时期的民用避难和军用物资运送的场所。

日本地铁每年输送乘客46.93亿人次，相当于每个日本人每年乘坐47次。日本主营地铁线路年输送乘客约24亿人次，在世界各大城市排名靠前。日本的自然灾害频发，因此日本人未雨绸缪的安全意识很强，在地铁安全方面采取多项措施。其重点放在及时更新地铁设施设备、注重提高地铁科技含量和合理加强地铁应急措施3方面。

在地铁防火的应急措施方面，日本确定了防火应急的基本思路。在加强地铁防火措施的同时，综合考虑发生火灾时如何确保旅客安全地回到地面。对于火灾发生的条件，不仅考虑有人利用车下机器发出的火花或打火机放火等情形，还增加了使用汽油在列车内和车站商店等位置放火等易燃火源火灾的情形。虽然目前日本地铁使用的车辆符合现行的有关标准，具备一定的防火能力，但为进一步的安全考虑，为了防止在应对发生易燃火源火灾时火势在列车蔓延，将禁止在车辆顶部上使用对易燃火源火灾防火能力差的材料以及燃烧时熔化飞溅的材料。在有关车辆材料燃烧试验的规定中，除去追加了测定材料是否熔化飞溅一项之外，还增加了测定其在易燃火源火灾时防火能力的试验。另外，为防止火灾时浓烟向相邻车厢扩散，还要求在车厢连接处安装平时不开的贯通门。作为地铁车站和地下隧道的火灾应对措施，现行规定要求必须设置两条以上安全通道；同时，在应对易燃火源火灾时，在确保旅客安全避难的条件下，为能使消防工作顺利进行，个别车站必须装备确保旅客安全避难时间的排烟设备。有关排烟设备的排烟能力测定，现行标准是依据具有代表性的地铁车站为基准来测定的。

考虑个别车站结构复杂以及深度不同，在新标准中制订了面向个别车站的排烟设备排烟能力测定方法。另外，在排烟能力的测定方法中，还增添了在易燃火源火灾情况下的测定方法。在确保旅客安全避难的同时，为能方便消防救援活动的进行，要求在建设月台和车站大厅时，设置能阻断从燃烧处产生的浓烟和火焰的防火门。为确保旅客的逃生路线，不在死胡同处设立商店；如果设立了商店，则必须设置火灾自动报警装置；如果是24h营业型的商店则还要设置救火装置。为了保证能顺利地展开有组织的消防救助，还要配备无线通信辅助设备以保证消防队员和地面的通信。另外，根据地铁车站的规模，要求配备消防器械的紧急电源插座。在有关引导旅客避难的应对措施方面，为能更为切实地进行旅客安全避难引导，要求采取印制完备的指导手册以及张贴路标等措施。指导手册中详细规定了火灾发生时驾驶方面的注意事项，比如在行驶中发生火灾时要继续将车开到下一车站等。同时针对车站构造以及工作人员等情况制订了面向个别车站的指导手册，规定了旅客避难引导方法等火灾发生时负责人应该采取的措施。日本地铁统一了消防器械、紧急报警装置等标志在宣传画里的使用标准。在标明车站以及车辆内部的避难路线和消防器械配置图的同时，还要求平时在车站内和列车上广播有关内容以提高旅客的安全意识。在有关与消防机构的合作方面，要求将车站结构、各类防火设备位置等与消防有关的信息提交给消防机关，并要定期和消防机构联合举行演习训练。

分析：通过上述案例，人们懂得城市轨道安全管理除更新设备、注重提高地铁科技含量以外，应急措施是必不可少的。因为事故的特点决定事故后果的灾难性、毁灭性和伤害性，听天由命、被动地面对事故是不可取的。积极开展事故应急管理，通过事前计划和应急措施，充分利用一切可能的力量，做好应对灾害事件的心理和物质准备，是各级管理人员必须考虑和实施的工作。根据我国有关法律、法规的要求，企业和各级政府都应针对重大危险源制订有效的应急预案。

任务一　认识运营突发事件及事故

一、突发事件的认识

（一）突发事件的定义及范围

1. 定义

突发事件是指在城市轨道交通运营场所内，因不可预见的或不可控制发生的因素造成以下一种或几种后果，须立即处理的偶然性事件。①事态发展可能或已经导致人员伤亡；②严重影响地铁运营生产；③需要依靠外部支援进行处理。

2. 范围

突发事件一般可分为以下几类。

（1）自然灾害。主要包括强台风、强降雨和地震等。

（2）事故灾害。主要包括火灾、爆炸、列车脱轨、列车冲突、列车颠覆、接触网断线、严重水浸、大面积停电和地铁构筑物坍塌等。

(3) 突发公共卫生事件。主要包括恶性传染病疫情、食品安全与职业危害事件等。

(4) 突发社会安全事件。主要包括突发性大客流、重大刑事案件（如炸弹恐吓、毒气及劫持等）、有毒化学物质泄漏和放射性物质扩散等。

（二）突发事件的分级

依据可能造成的危害程度、涉及范围、影响大小、行车中断时间、人员伤亡及财产损失等情况，突发公共事件由高到低划分为特别重大（1级）红色预警、重大（2级）橙色预警、较大（3级）黄色预警、一般（4级）蓝色预警4个等级。

一般突发事件是指事态比较简单，城轨交通局部运营中断1h以内的，秩序破坏，自行能够处置，但需报交通主管部门备案。（分级条件由省级交通运输主管部门负责参照Ⅰ级、Ⅱ级和Ⅲ级预警等级，结合地方特点确定。）

较大突发事件是指事态比较复杂，秩序破坏严重，需要支援处置，应具备下列条件之一：

(1) 因设备故障等原因造成中断运营1h及以上。

(2) 部分运营区域发生突发性大客流需要地面交通协助疏散。

(3) 隧道大面积积水需要市政部门协助抢险。

分级条件由省级交通运输主管部门负责参照Ⅰ级、Ⅱ级和Ⅲ级预警等级，结合地方特点确定。

重大突发事件是指事态复杂，秩序受到重大影响，已经或可能造成重大人员伤亡、财产损失或环境污染等后果，需有关部门联合处置，应具备下列条件之一：

(1) 人员重伤或死亡1人及以上。

(2) 运营场所发生火灾、爆炸、毒气、恐怖袭击事件。

(3) 发生突发性大客流，运营秩序可能或已经失去控制。

(4) 运营列车冲突、脱轨或颠覆。

(5) 因设备故障等原因造成中断运营4h以上。

(6) 其他事态复杂，对运营秩序造成重大影响的突发公共事件。

特别重大是指事态非常复杂，已经或可能造成特别重大人员伤亡、财产损失或环境污染等后果，应具备下列条件之一：

(1) 人员死亡3人及以上或重伤5人以上。

(2) 运营场所发生火灾、爆炸、毒气、恐怖袭击、轨道交通构筑物坍塌事件，造成人员伤亡。

(3) 因设备原因造成中断运营8h及以上。

(4) 其他事态非常复杂，对运营秩序造成特别重大影响的突发公共事件。

（三）突发事件的处理原则

突发事件的处理应遵循预防为主、以人为本、反应迅速、先通后复等原则。

(1) 坚持高度集中、统一指挥、逐级负责的原则。

(2) 坚持"先救人，后救物；先全面，后局部"的原则，优先组织人员疏散、伤员抢救，同时兼顾重点设备和环境的防护，将损失降至最低限度。

(3) 员工在应急事件处理时应沉着冷静，反应迅速，积极开展工作，做到早发现、早报告、早控制。严格执行规定的标准和程序，做好乘客疏导和安抚工作，维持乘客秩序和减少乘客恐慌。通知车站员工执行紧急疏散程序时,应使用统一代号,以免引起恐慌。

(4) 在突发事件应急处理过程中,应兼顾现场的保护工作,以利于公安、消防和事件调查部门的现场取证。

(5) 坚持就近处理的原则:突发事件发生时,在上一级应急处理负责人到达现场前,员工按规定担任现场临时应急处理负责人;在上一级应急处理负责人到达现场后,则由上一级应急处理负责人担任现场指挥。

(6) 员工在应急事件处理时,坚持对外宣传归口管理的原则,不得擅自发布相关信息。

(四) 突发事件信息通报的内容及流程

突发事件信息通报应遵循迅速、准确和完整的原则,任何员工发现或接到突发事件信息,均应立即执行规定的通报流程,不得延误、中断或缺漏。

突发事件信息通报的内容:

1) 信息通报的通信方法。信息通报采取的通信方法如下:

(1) 同一现场人员信息通报可采用面对面口述的方法。

(2) 同地点各岗位间信息通报可使用各种通信工具,竭力保障信息迅速传递。

(3) 一般控制中心调度值班主任设有一部专门内线电话作为事故(事件)专用报告电话,供没有直通调度电话可使用的员工事故(事件)应急报告使用。

2) 信息通报的内容。突发事件信息通报的内容,一般应包括以下几点:

(1) 报告人姓名、职务及单位。

(2) 事件发生类别、时间及地点。

(3) 事件发生概况、原因(若能初步判断时)及影响运营的程度。

(4) 人员伤亡情况、设施设备损毁情况。

(5) 已采取的措施。

(6) 需要的援助(包括救援、救护、支援)。

(7) 其他必须说明的内容及要求。

一般来说,信息通报遵循这样一个流程:突发公共事件现场→控制中心→应急处理专业机构和外部支援。

在进行信息通报时,发生立即需要外部支援的突发事件如火灾、爆炸人员伤亡、治安(刑事)事件等时,应坚持就近迅速通报的原则。突发事件报告流程,如图8-1所示。

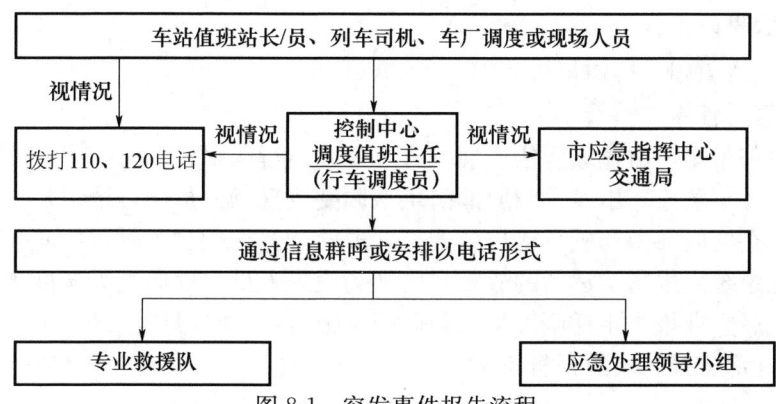

图 8-1 突发事件报告流程

二、运营事故处理规则

(一) 运营事故的定义

凡在正线、辅助线、车厂线及运营分公司所属管辖范围内由于公司自身原因造成人员伤亡、设备损坏、经济损失、中断行车、火灾或其他危及运营安全的情况，均构成运营事故。由于不可抗力、社会治安等非公司责任原因产生后果的均不列入公司运营事故统计范围。

(二) 运营事故处理原则

发生运营事故，应采取积极措施，迅速组织救援处理，尽快恢复运营，尽量减少事故损失。处理事故要以事实为依据，以国家法律、法规和公司规章制度为准绳，坚持"四不放过"的原则，认真调查分析，查明原因，分清责任，吸取教训，制定对策。对事故责任者，应根据事故性质和情节，予以批评教育、经济惩罚、行政处分直至追究法律责任。并根据事故性质、情节的严重性，按有关规定逐级追究责任。

(三) 运营事故分类

国务院关于城市轨道事故分类标准如表 8-1 所示。

表 8-1 国务院关于城市轨道事故分类标准

	死亡人数	重伤人数	直接经济损失	连续中断行车
特别重大事故	30 人以上	100 人以上	1 亿元以上	无
重大事故	10 人以上 30 人以下	50 人以上 100 人以下	5000 万元以上 1 亿元以下	24h 以上
较大事故	3 人以上 10 人以下	10 人以上 50 人以下	1000 万元以上 5000 万元以下	6h 以上 24h 以下
一般事故	3 人以下	10 人以下	1000 万元以下	2h 以上 6h 以下

【知识链接】

南昌轨道交通集团规定：一般 A 类事故：2 人死亡，或者 3 人以上 10 人以下重伤，直接经济损失为 500 万元以上 1000 万元以下，连续中断行车达 5h 以上 6h 以下；一般 B 类事故：1 人死亡，或者 2 人重伤，直接经济损失为 300 万元以上 500 万元以下，连续中断行车达 4h 以上 5h 以下；一般 C 类事故：1 人重伤，直接经济损失为 50 万元以上 300 万元以下，连续中断行车达 2h 以上 4h 以下。

(四) 运营事故报告

1) 事故报告原则：快速报告原则。
2) 事故报告程序。
(1) 发生在车站，由车站行值或现场人员立即向行调报告。
(2) 发生在车辆段，由事发归属部门生产调度或现场人员向行调报告。
(3) 发生在区间，由驾驶员或现场人员立即向行调或通过车站行值向行调报告。
(4) 供电系统发生影响运营的故障，由现场值班人员立即向电力调度报告，电力调度员接到报告后立即报告主任调度员，并向行调报告。
3) 需要外部支援的事故报告程序。

按就近处理的原则,发生立即需要外部支援的运营事故(如火灾、爆炸等)时:
(1) 现场人员报110、120;
(2) 控制中心当值人员报110、120;
(3) 控制中心接报后视情况通知市有关部门。
(4) 各生产部门调度负责向部门相关人员进行通报,具体办法由各部门分别另行制定。

(五) 运营事故调查

1. 事故调查内容
(1) 勘查现场,拍摄,文字记录、绘制事故现场示意图,必要时设置警戒线,保存实物。
(2) 情况陈述,收集资料及物证。
(3) 单独调查,书面材料。
(4) 检查测量线路质量。
(5) 调查询问,并详细记录。
(6) 检查技术文件、表报。
(7) 调取有关录音、录像资料。
(8) 注意是否有人为破坏的迹象。
(9) 必要时召开现场分析会。

2. 事故调查要求
(1) 在事故调查组到达前,保护现场。事故调查组到达后,配合调查。
(2) 根据事故调查需求,调用录音、录像资料。
(3) 召开事故分析会议。
(4) 初步判明属公司外部单位责任时,事故调查组应立即通知责任单位,双方共同调查。

(六) 运营事故责任判定及处理

1. 运营事故类别
运营事故分为责任事故和非责任事故两大类。非责任事故包括自然灾害、人为破坏等。

2. 责任事故的责任判定类别
(1) 全部责任:负有事故损失及不良影响100%的责任。
(2) 主要责任:负有事故损失及不良影响60%~90%的责任。
(3) 同等责任:各方均负有事故损失及其不良影响的相同成分的责任。
(4) 次要责任:负有事故损失及不良影响30%~40%的责任。
(5) 一定责任:负有事故损失及不良影响10%~20%的责任。
(6) 管理责任:根据事故性质承担。

(七) 处罚原则

(1) 对运营事故责任部门处罚按公司目标考核的相关管理办法执行。
(2) 对运营事故责任人的处罚按《公司安全管理考核与奖罚办法》执行。

（3）对拖延事故处理、推脱责任、破坏事故现场、阻挠事故调查、隐瞒不报、做伪证、不如实反映情况的责任者及部门加倍处罚；有犯罪嫌疑的，提交司法机关处理。

（4）事故调查处理小组工作人员调查中不负责任，致使调查工作有重大疏漏或索贿受贿、借机打击报复的，由有关部门给予行政处罚，有犯罪嫌疑的，提交司法机关处理。

任务二　城市轨道交通的应急管理体系

事故应急救援体系已成为发达国家维持运输系统能够正常运行的重要支撑体系之一。日本、德国、法国、美国等都已经建立较完善的应急救援管理体制，并且逐渐向建立标准化应急管理体系（SEMS）方向发展，使整个应急预案管理工作更加科学、规范和高效。

在城市轨道交通系统中，可能会发生或存在多种潜在的事故类型，如大面积的长时间停电、火灾、水灾、地震、危险物质泄漏、放射性物质泄漏、恐怖袭击等。

此外，城市在开展各类大型活动时也可能出现重大客流等紧急情况。因此，在建设城市轨道交通应急救援体系时，就必须进行合理策划。既要做到突出重点，准确反映城市轨道交通的主要重大事故风险，又要合理地编制各类预案，避免各类预案间相互孤立、交叉和矛盾，从而使任何可能发生的事故局部化，尽可能地消除、减少事故造成的人员伤亡和财产损失，尽快恢复交通。

一、应急预案的内涵及作用

（一）应急预案的内涵

应急是指针对突发、具有破坏力事件所采取的预防、响应和恢复的活动与计划。应急的主要目标是实现对突发事故灾害做出预警、控制事故灾害发生与扩大、开展有效救援、减少损失和迅速组织恢复正常状态。应急的对象是突发性、后果与影响严重的事故与灾害。

应急预案可以定义为针对可能的重大事故（件）或灾害，为保证迅速、有序、有效地开展应急与救援行动，降低事故损失而预先制定的有关计划或方案。它是在辨识和评价潜在的重大危险、事故类型、发生的可能性、发生过程、事故后果及影响严重程度的基础上，对应急机构与职责、人员、技术、装备、设施（备）、物资、救援行动及其指挥与协调等方面预先做出的具体安排。

应急预案是指导应急救援的规范性文件，明确在突发事故发生之前、发生过程中以及刚刚结束之后，谁负责做什么，何时做以及相应的策略和资源准备等。

编制重大事故应急救援预案是应急救援准备工作的核心内容，也是我国有关法律法规的要求。成熟优化的突发事故应急预案，可以做到发生事故时的应急救援，避免事故的发生。因此，以完善的事故预防措施为基础，做好预案的管理工作，真正体现"安全第一，预防为主，综合治理"的方针，营造一个安全、少灾、无害、和平的城市交通环境。

（二）应急预案的作用

应急预案在应急管理中的重要作用和地位主要体现在以下几方面：

（1）明确应急救援的范围和体系，使应急准备和应急管理，尤其是培训和演习工作的开展有据可依、有章可循。

（2）有利于及时做出应急响应，降低事故危害程度。

（3）成为各类突发事故的应急基础。通过编制基本应急预案，可保证应急预案具有足够的灵活性，对那些事先无法预料到的突发事件或事故，也可以起到基本的应急指导作用；针对特定危害编制专项应急预案，有针对性地制订应急措施，进行专项应急准备和演习。

（4）当发生超过应急能力的重大事故时，便于与上级应急部门协调。

（5）有利于提高各级人员的风险防范意识。

二、应急预案的基本结构

城市轨道交通系统中可能发生的重大事故是多种多样的，但应急资源是需要共享的，如何针对多种事故类型进行应急预案的系统规划，保证各应急预案之间的协调一致，形成完整的应急预案文件体系，避免预案之间的矛盾和交叉，这些问题在应急预案编制之初就应予以统筹考虑，否则将给应急组织机构职责、指挥及响应程序等带来不必要的内容重复，引起矛盾和混乱，对应急预案的维护和职责明确等也会带来一系列的问题。

城市轨道交通事故灾害大致可分为安全事故、自然灾害、人为突发事件等3类，针对每一类灾害的具体应急救援措施可能千差万别，但其导致的后果和产生的影响是大同小异的。所以，可以通过制定出一个基本应急模式，由一个综合的标准化应急体系有效地应对不同类型危险所造成的共性影响。

（一）基本结构

城市轨道交通系统救援体系的总目标是控制事态发展、保障生命财产安全、恢复正常运营。可以针对事故特点，如爆发速度、持续时间、范围和强度等，制订具有针对性强的专项应急预案。为保证各种类型预案之间的整体协调和层次清晰，实现共性与个性、通用性与专业性的结合，适宜采用分层次的综合应急预案。城市轨道交通系统救援体系的建设，从保证预案文件体系的层次清晰和开放性方面考虑，预案可分为综合预案、专项预案和现场预案，其结构如图8-2所示。

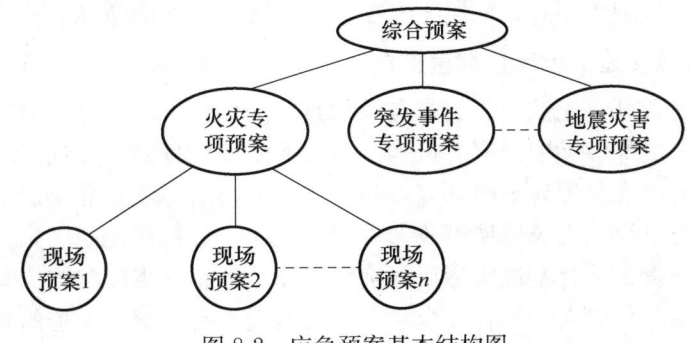

图8-2 应急预案基本结构图

综合预案、专项预案和现场预案由于各自所处的层次和适用的范围不同，其内容在详略程度和侧重点上会有所不同，但都可采用相似的结构，如基于应急任务或功能的"1+4"预案编制基本结构，即应急预案＝基本预案＋（应急功能附件＋特殊风险预案＋标准操作程序＋支持附件）

1. 基本预案

基本预案是该项应急预案的总体描述，主要阐述应急预案所要解决的紧急情况、应急的组织体系、方针、应急资源、应急的总体思路，并明确各应急组织在应急准备和应急行动中的职责以及应急预案的演习和管理等规定。

2. 应急功能附件

应急功能附件是针对在各类重大事故应急救援中通常要采取的一系列基本应急行动和任务而编写的计划，如指挥、控制、警报、通信、人群疏散安置、医疗等，并应明确每一应急功能针对的形势、目标、负责机构、支持机构、任务要求、应急准备和操作程序等。

3. 特殊风险预案

特殊风险预案是在对城市轨道交通系统进行安全评价的基础上，针对每一种可能发生的重大风险事故，明确其相应的主要负责部门、有关支持部门及其相应的职责，并为该类专项预案的制订提出特殊的要求和指导意见。

4. 标准操作程序

标准操作程序是用来规定在应急预案中没有给出的每一任务的实施细节，各个应急部门必须制订相应的标准操作程序，为组织或个人提供履行应急预案中规定的职责和任务时所需的详细指导，标准化操作程序应保证与应急预案的协调一致。

5. 支持附件

支持附件主要包括应急救援有关支持保障系统的描述及相关附图表，如城市客运交通系统主要危险有害因素登记表、重大事故影响范围预测分析、应急机构及人员通信联络方式、消防设施分布、疏散线路图、相关医疗单位分布图、交通管制范围图等。

城市轨道交通运营应急预案一般有特殊气象及自然灾害应急预案、防淹门故障应急处理程序、控制中心应急处理程序、疫情爆发应急预案、应急信息报告程序、处置大面积停电事件应急预案、保卫应急预案、地铁消防应急预案、机电设备（电梯、给排水、事故照明装置等）应急处理措施及程序、供电专业抢修应急预案、工建专业应急预案、车辆专业应急处理办法、水污染应急处理预案、车务安全应急处理程序和接触网（轨）附近有异物的应急处理程序等，都属于专项预案和现场预案的范畴。

（二）城市轨道交通系统应急救援机构

根据《国家处置城市地铁事故灾难应急预案》的规定，城市地铁事故灾难应急处置组织机构分为3个层次：①国家应急机构，即国务院或国务院授权住房城乡建设部设立的城市地铁事故灾难应急领导小组（以下简称"领导小组"），领导小组下设办公室、联络组和专家组；②省级、市级地铁事故灾难应急机构，该机构比照国家地铁事故灾难应急机构的组成、职责，结合本地实际情况确定；③地铁企业事故灾难应急机构，地铁企业应建立由企业主要负责人、分管安全生产的负责人、有关部门参加的地铁事故灾难应急机构。

应急救援机构从功能上讲，可由应急运转指挥中心、事故现场指挥中心、支持保障中心、媒体中心和信息管理中心 5 个运作中心组成。其中应急运转指挥中心负责协调应急组织各个机构的运作和关系，主持日常工作，维持应急救援系统的日常运作；事故现场指挥中心负责事故现场应急的指挥工作、人员调度、资源的有效利用；支持保障中心负责提供应急物质资源和人员的后方保障；媒体中心负责处理媒体报道、采访、新闻发布会；信息管理中心负责信息管理、信息服务。各中心要不断调整运行状态，协调关系，形成一个有机的整体，使系统快速、高效施行现场应急救援行动。

城市轨道交通企业应急救援机构应按照属地为主、分工协作，应急处置与日常建设相结合的原则建立，在应急处置过程中实现统一指挥、分级负责、科学决策，保证事故灾难信息的及时准确传递、事故快速有效处置，同时要做到既保证常备不懈，又降低运行成本。

目前，城市轨道交通企业的应急管理体系、机构，主要有以下几类：

(1) 层级型：由地铁运营企业主要负责人为总负责，组建公司、部门两级应急系统。公司级包括企业主要负责人、分管安全生产的负责人及安全、保卫、调度、设备、信息管理、对外联络、卫生、物资保障、环保等各部负责人员；建立二级部门应急机构，并延伸至基层班组。

(2) 联动型：由地铁运营企业主要负责人为总负责，将运营中发生的所有行车、设备、消防、治安等安全信息报地铁控制中心，地铁控制中心组成联动中心，统一指挥相关部门处置各类安全减灾及应急工作。

(3) 专职型：地铁运营企业建立应急救援管理指挥专门机构和专业应急救援队伍，内设信息管理、应急管理（抢险、指挥）、重大危险源管理 3 个职能部门，负责地铁安全生产信息接收、汇总、上报、发布，重大事故隐患、预案编制管理，应急培训，预案演练，救援物资管理，抢险指挥，重大危险源建档管理，专家库管理，查处谎报、瞒报案件等工作，使应急救援工作贯穿安全生产事故的事前预防、事中应急、事后管理，形成安全生产应急救援工作的一条较为完整的工作链和工作体制、机制。

（三）应急预案的文件体系

从广义上来说，应急预案是一个由各级预案构成的文件体系，它不仅是应急预案本身，也包括针对某个特定的应急任务或功能所制定的工作程序等。一个完整应急预案的文件体系应包括预案、程序、指导书和记录，是一个四级文件体系。

（四）应急预案的演练

应急预案的演练是检验、评价和保持应急能力的一个重要手段。其作用体现在：可在事故真正发生前发现预案存在的问题和缺陷，发现应急资源的不足，从而改善应急部门、机构和人员之间的协调，增强相关人员应对突发事故救援的信心和应急意识，提高应急人员的熟练程度和应急能力，增强各级预案之间的协调性和整体的应急反应能力。应急预案演练一般可分为桌面演练、功能演练和全面演练。

（五）演练效果的评价

应急演练结束后应对演练的效果给出评价，并提交演练报告，详细说明演练中存在的问题，按照对应急救援工作的影响程度，可以将演练中发现的问题分为改进项、不足项、整改项。其目的是通过演练及时发现问题，并进行改进完善，避免因预案不完善而导致事故的扩大化，从而确保预案的高效性。

三、应急救援体系中的主要应急机制

应急救援活动可分为应急准备、初级反应、扩大反应和应急恢复等4个阶段。

应急机制与这些应急活动密切相关。应急机制由统一指挥、分级响应、属地为主和公众动员等4个基本机制组成。

（一）统一指挥

统一指挥是应急活动的最基本原则。应急指挥一般可分为集中指挥与现场指挥或场外指挥与场内指挥几种形式，但无论采用哪一种指挥系统都必须实行统一指挥模式，无论应急救援活动涉及单位级别高低和隶属关系不同，都必须在救援指挥中心的统一组织协调下开展相关工作，使各参与单位既能充分发挥自己的作用，又能相互配合，提高整体效能。

（二）分级响应

分级响应是指在初级响应到扩大应急的过程中实行分级响应的机制。扩大或提高应急响应级别的主要依据如下：

（1）事故灾难的危险程度。

（2）事故灾难的影响范围。

（3）事故灾难的控制事态能力。

而事故灾难的控制事态能力是"升级"的最基本条件，扩大应急救援主要是提高指挥级别，扩大应急范围等。

（三）属地为主

属地为主是强调"第一反应"的思想和以现场应急、现场指挥为主的原则，即强化属地部门在应急救援体制管理工作中的主导作用，以提高应急救援工作的时效。

（四）公众动员

公众动员机制是应急机制的基础，也是最薄弱、最难以控制的环节。公众动员即现场应急机构组织调动所能动用的资源进行应急救援工作，当事故超出本单位的处置能力时，向本单位外寻求其他社会力量支援的一种方式。

四、应急救援体系建设的主要内容

安全生产是一项系统工程，需要从系统的整体性出发，科学地规划和设计，应急救援体系建设与发展属于安全生产系统工程的一个组成部分，应急救援体系的建设应着重从以下几个方面进行。

（一）事故预防

许多事故的发生都是正常条件发生偏差而引起的。如果能事先确定出来某些特定条件及其潜在后果，就可利用相应手段减少事故的发生，或者减少事故对外界的影响，预防事故要比发生事故后再纠正容易得多。因此，在城市交通新线设计及旧线改造中，必

须设计必要的安全装置和设施，以提高城市交通运营系统的安全程度。另外，事故预防工作也不可忽视操作规程、应急规程和管理策略的建立及其定期的培训和维护。

（二）应急救援预案准备

应急救援预案准备主要包括发现预测任何可能出现的紧急事故类型及其影响程度；制订紧急状态下的反应行动，以提高准备程度；确保系统在紧急情况下，做到准备充分和通信通畅，从而保证决策和反应过程有条不紊，保证人员进行培训和演习；定期更新应急预案和重新评价其有效性。

（三）应急救援系统的组成

应急救援系统从功能上讲，可由应急指挥中心、事故现场指挥中心、支持保障中心、媒体中心和信息管理中心 5 个运作中心组成。要做到快速、有序、高效地处理应急事故，需要应急救援系统中各个中心的协调努力，其运作程序可如图 8-3 所示。

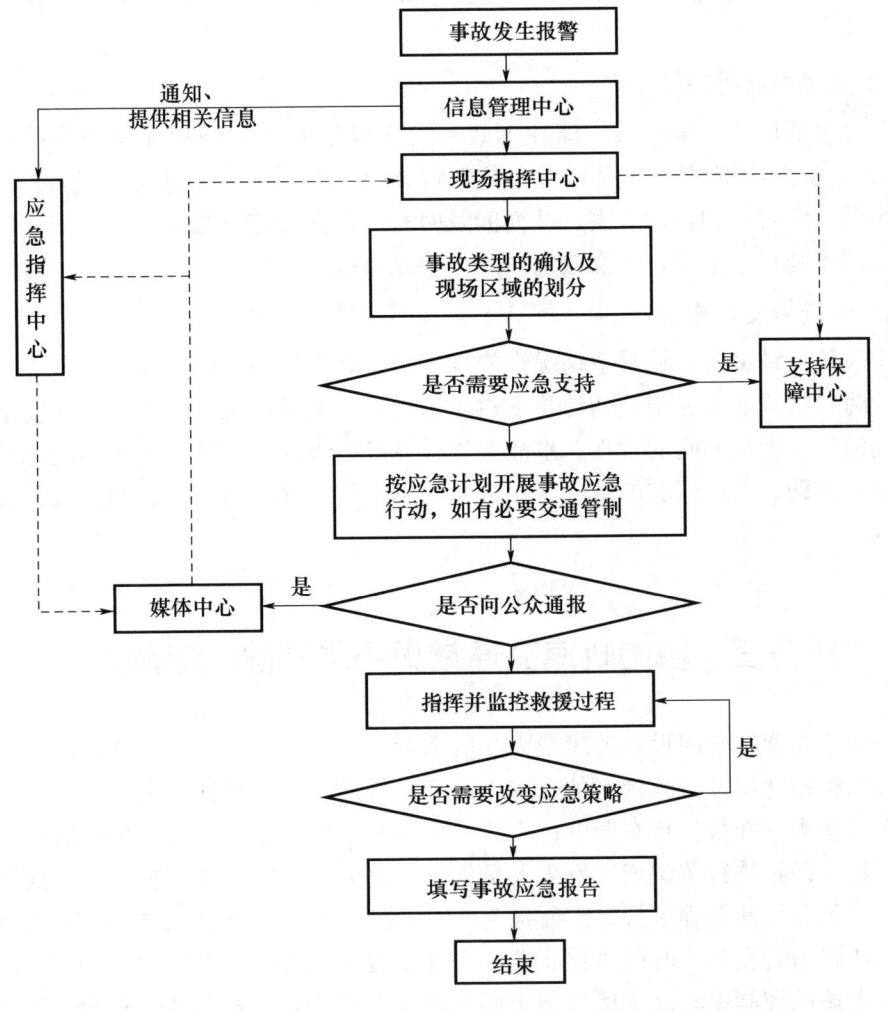

图 8-3 应急救援系统的运作程序

（四）应急救援预案

应急救援预案应至少包括以下主要内容：应急资源的有效性、组织和利用；事故的评估程序；指挥、协调和反应的组织结构；通报和通信联络的程序；应急反应行动（包括事故控制、防护行动和救援行动）；培训和演习及应急救援预案的维护。

（五）应急培训与演习

应急培训与演习的目的：测试应急救援预案的充分性；测试应急培训的有效性和队员熟练性；测试现有应急装置和设备供应的充分性；确定训练的类型和频率；提高与现场外应急部门的协调能力；通过训练来辨识和改正应急救援预案缺陷。例如，北京地铁突发事件应急处理演练，由北京市交通委员会、北京市运输管理局和北京地铁公司联合负责组织，通过建立应急预案演练制度，完善了对包括爆炸、火灾、化学恐怖袭击等突发事件的应急处置办法，并通过多次应急演习提高了地铁乘客与地铁从业人员对突发事件的反应能力以及解决问题的能力，同时提高了各个部门机构的合作默契程度。

（六）应急救援行动

一个完善的应急救援体系应能在事故和灾害发生时及时调动并合理利用应急资源（包括人力资源和物资设备资源）投入救援行动事故现场，针对事故灾害的具体情况，选择适当的应急对策和行动方案，从而能及时有效地进行应急救援行动，使伤害和损失降到最低限度和最小范围，并在最短时间内控制事故。

（七）系统恢复与善后

当应急阶段结束后，从紧急情况恢复到正常状态需要的时间、人员、资金和正确的指挥，这时对恢复能力和预先估计将变得十分重要。通常情况下，重要的恢复活动包括事故现场清理、恢复期间的管理、事故调查、现场的警戒与安全、安全和应急系统的恢复、人员的救助、法律问题的解决、损失状况的评估、保险与索赔、相关数据搜集、公共关系等。

任务三　城市轨道交通常见突发事故的应急处理

城市轨道交通系统因设备故障或人为等因素，可能会发生突发事故，在发生突发事故后，应严格遵守突发事故信息的迅速、准确、客观和逐级报告原则。事故发生在区间时，列车司机应立即报告行车调度；事故发生在车站内或车厂内时，车站值班站长或车厂调度员应立即报告行车调度。发生人员伤亡、火灾、爆炸、毒气袭击、聚众闹事、劫持人质及其他恐怖活动等事故，需要报告119火警、120急救中心或110匪警时，由现场负责人或目击者在第一时间直接报告；如果无法直接报告，则应以尽快报告的原则，向就近的车站或控制中心（车厂控制中心）或上级报告，再报告119火警、120急救中心或110匪警。有效的应急处理可以避免事故扩大并减少事故损失。下面简单介绍突发事故发生后的一些基本处理要点。

一、大面积停电应急响应措施

大面积停电应急响应措施如下：

（1）地铁企业应贯彻预防为主、防救结合的原则，重点做好日常安全供电保障工作，准备备用电源，防止停电事件的发生。地铁线路发生停电事故时，应沉着镇静，稳定乘客情绪、维持秩序，尽力保证乘客安全。

（2）停电事件发生后，控制中心根据停电影响情况，组织抢修、抢险，发布列车停运、急救和车站关闭命令，并及时将灾情向上级报告。车站工作人员应加强检查紧急照明的启动情况，巡查各部位如升降电梯中是否有人员被困等，根据控制中心命令清站和关闭车站。列车司机负责维持列车进站停车后，组织车上乘客向车站疏散。如果列车在区间停车，则利用列车广播安抚乘客，要求乘客不擅自操作车上设备，并立即报告行车调度，按行车调度指令操作。地铁企业要做好信息发布工作，做好乘客紧急疏散、安抚工作，协助做好地铁的治安防护工作。

（3）供电部门在事故灾难发生后，应根据事故灾难性质、特点，立即实施事故灾难抢修、抢险有关预案，尽快恢复供电。

（4）地铁企业事故灾难应急机构及市级地铁事故灾难应急机构，接到停电报告后，应立即组织启动相应应急预案。

二、火灾应急响应措施

火灾应急响应措施如下：

（1）城市地铁企业要制订完善的消防预案，针对不同车站、列车运行的不同状态以及消防重点部位制定具体的火灾应急响应预案。

（2）贯彻"救人第一，救人与灭火同步进行"的原则，积极施救。

（3）处置火灾事件应坚持快速反应的原则，做到反应快、报告快、处置快，把握起火初期的关键时间，把损失控制在最低限度。

（4）火灾发生后，工作人员应立即向119火警、110匪警报告，同时组织做好乘客的疏散、救护工作，积极开展灭火自救工作。

（5）地铁企业事故灾难应急机构及市级地铁事故灾难应急机构，接到火灾报告后，应立即组织启动相应应急预案。

三、特殊气象的应急处理

根据特殊气象对城市轨道交通运营的影响，特殊气象应急预案包含台风、雷雨大风（含龙卷风）应急预案，暴雨应急预案，高温应急预案，大雾、灰霾应急预案，冰雹、道路结冰应急预案，寒冷应急预案6个类别。

1. 特殊气象应急预案启动及解除原则

以当地气象台发布的气象预警信号为准。当地某区域气象台发布相应的台风和雷雨大风、暴雨、高温、大雾和灰霾、冰雹和道路结冰及寒冷气象预警信号后，由责任控制中心在受影响的线路范围内启动相应的特殊气象应急预案。

当地某区域气象台解除相应的台风和雷雨大风、暴雨、高温、大雾和灰霾、冰雹和道路结冰及寒冷气象预警信号后，控制中心确认受相应的特殊气象影响的设备已全部恢复正常的情况下，责任控制中心可解除相应的特殊气象灾害应急预案，并向下令启动预案的领导汇报。

2. 停止某线路段运营的启动及解除程序

（1）启动程序：当需要停止某线路段运营时，运营控制中心向运营总部总经理汇报，总经理下令启动。因特殊情况联系不上时，分别依次由运营分管安全、行车组织的副总经理下令启动。

（2）解除程序：当达到恢复某线路段运营条件时，运营控制中心向运营总部总经理汇报，总经理下令恢复。因特殊情况联系不上时，分别依次由运营分管安全、行车组织的副总经理下令解除。

（3）恢复因台风、雷雨大风（含龙卷风）造成高架或地面路段停运的行车条件：接气象台取消橙色信号及在过去1h监测到的最高风速低于74km/h（8级）。

（4）恢复高架段行车的程序：首先，组织客车或工程车限速25km/h进行线路检查；其次，安排专业维修人员跟车检查相关设备设施；最后，确认具备条件后，恢复正常运营服务。

3. 特殊气象发生险情的应急处理原则

（1）抓住主要矛盾，先全面、后局部，先救人、后救物，先抢救通信、供电等要害部位，后抢救一般设施。

（2）根据需要，各部门积极合理地调动人力、物力投入抢险，在确保安全的情况下，尽快开通线路，恢复运营（含局部线路）。

（3）发生灾害时，应迅速准确地报告事故情况，确保信息渠道畅通。

（4）各部门、员工均应采取有效措施控制事态、减少损失，防止次生灾害的发生。

（5）贯彻抢险与运营并重、地铁运输与公交运输系统统筹兼顾的工作方针，在积极稳妥地处理事故的同时，按照总部相关规定最大限度地维持地铁运营或尽快恢复地铁运营。

四、地震应急响应措施

（1）地震灾害紧急处理的原则具体如下：

① 实行高度集中，统一指挥。各单位、各部门要听从事发地省（区、直辖市）人民政府指挥，各司其职，各负其责。

② 抓住主要矛盾，先救人、后救物，先抢救通信、供电等要害部位，后抢救一般设施。

（2）市级地铁事故灾难应急机构及地铁企业负责制定地震应急预案，做好应急物资的储备及管理工作。

（3）发布破坏性地震预报后，即进入临震应急状态。省级人民政府建设主管部门采取相应措施：

① 根据震情发展和工程设施情况，发布避震通知，必要时停止运营和施工，组织避震疏散。

② 对有关工程和设备采取紧急抗震加固等保护措施。
③ 检查抢险救灾的准备工作。
④ 及时准确地通报地震信息，保护正常工作秩序。

（4）地震发生时，省级人民政府建设主管部门及时将灾情报有关部门，同时做好乘客疏散和地铁设备、设施保护工作。

（5）地铁企业事故灾难应急机构及市级地铁事故灾难应急机构，接到地震报告后，应立即组织启动相应应急预案。

五、大客流应急处理

车站发生突发性大客流时，由站长或值班站长负责现场客运组织，安排、监督各岗位的职责实施情况。根据"三级客流控制"的原则，站长或值班站长在车站出入口、人闸机组、站厅与站台的楼梯、扶梯处进行客流控制，并及时了解产生突发客流的原因、规模及可能持续的时间，合理安排岗位。车站行车值班员及时播放相应的广播疏导乘客。值班站长及时组织人员维持购票秩序，增设兑零点，对乘客做好疏导、服务工作。票亭减缓兑零速度。行车值班员监控 15min 进站客流变化。如车站现有人员无法应付突发性大客流时，值班站长组织驻站人员参与客流控制，同时安排行车值班员通知公安部门协助，报告行车调度请求支援。出现特大客流时，车务部门应立即电示控制中心，要求调派列车直达特大客流车站进行增援。站台拥挤时，值班站长立即安排其他岗位员工或支援人员到站台维持候车秩序，对站厅与站台的楼梯、扶梯处进行第一级客流控制，先让下车乘客出站，再放坐车的乘客进入站台，控制进站的乘客人数，行车值班员及站台员工利用广播提醒乘客注意安全，同时加强对站台乘客候车动态及站台屏蔽门工作状态的监控。若因设备故障，造成列车晚点、车站乘客拥挤时，车站值班站长安排行车值班员及时通知公安部门协助，安排巡视岗、客运值班员在出入门、票亭及进闸机前摆放立柱告示，告知购票进闸的乘客客车延误信息。同时做好退票和公交接驳的准备工作。由于特殊气象（如暴雨等）导致突发性大客流时，车站值班站长及时安排员工做好滞留乘客的疏散。需调整本站员工工作岗位或工作内容时，由站长、值班站长根据现场情况组织安排；需抽调其他车站临时支援人员时，由站长、值班站长报车务部门生产管理人员，由车务部门生产管理人员协调人员配置。

车站客流有效缓解，恢复正常，站长或值班站长报告地铁控制中心，经地铁控制中心同意后宣布结束预案的实施，各岗位员工恢复正常工作，临时支援人员在现场指挥的安排下回原车站、原岗位。

六、地铁爆炸应急响应措施

（1）迅速反应，及时报告，密切配合，全力以赴疏散乘客、排除险情，尽快恢复运营。

（2）地铁企业应针对地铁列车、地铁车站、地铁主变电站、地铁控制中心以及地铁车辆段等重点防范部位制定防爆措施。

（3）地铁内发现的爆炸物品、可疑物品应由专业人员进行排除，任何非专业人员不得随意触动。

(4) 地铁爆炸案件一旦发生，市级建设主管部门应立即报告当地公安部门、消防部门、卫生部门，组织开展调查处理和应急工作。

(5) 地铁企业事故灾难应急机构及市级地铁事故灾难应急机构，接到爆炸报告后，应立即组织启动相应的应急预案。

七、正线车辆脱轨的应急处理

(1) 确定脱轨后，控制中心立即扣停开往受影响区域的列车，对已进入该区间的列车组织其退回始发车站。

(2) 控制中心通知电网调度做好关闭脱轨区段的牵引电流和挂接地线的准备。

(3) 通知相关线路的车辆控制中心派出救援队起复车辆，启动应急轨道交通与公交接驳预案。

(4) 控制中心、司机和车站组织乘客疏散，确认具备停电条件后，控制中心组织停电。

(5) 如在隧道内脱轨，控制中心组织隧道送风。

(6) 组织好抢修期间的客车降级运营工作（小交路运营）。

(7) 维修调度在接到车辆脱轨事故的明确报告后，应立即组织车辆抢险队前往事故现场，车辆抢险队员接到车厂控制中心维修调度命令时须在10min内出发前往事故现场。

(8) 第一个赶往事故现场的车辆员工，自动成为车辆事故现场抢险指挥负责人，负责现场抢险工作并将所观察到的情况反馈到事发分部车厂控制中心，使其能够及时获得现场情况，做出有利于抢险工作的人员和设备安排；当车辆抢险指挥小组成员赶到后，现场抢险指挥向车辆抢险指挥小组成员汇报现场情况，并将指挥权移交。

(9) 起复后，必须执行以下的工作：

① 确认接地线拆除和线路出清后，通知电网调度送电，做好恢复正常运营的准备工作。

② 组织一列客车清客或工程车前往救援，连挂脱轨列车限速运行进入就近的存车线，待运营结束后再安排事故列车回厂检修。

(10) 组织备用客车上线服务。

八、列车故障救援

(1) 出现列车故障时，及时组织备用车上线调整运行。

(2) 若故障车在车站内，故障车在清客后再与救援列车连挂；若故障车在区间，故障车与救援列车连挂后运行到前方车站清客，担任救援任务的客车，按《行车组织规则》运行。

(3) 列车发生故障时，行车调度视情况及时扣停后续第二列或第三列客车在就近设有辅助线的车站内，并做好小交路运营的准备。

(4) 发生客车故障救援时，运营遵循有限度列车服务的原则，列车的运行间隔由行车调度组织调整，在中间站折返至上行线或下行线时，如客车采用站前折返，需在折返站的前一站清客；如采用站后折返，则在折返站本站清客，行车调度必须按要求及时通知本线和另一线车站相关的运营信息。必要时，另一线路行车调度应采取有效措施配合、协助故障线路的行车调度进行救援。

（5）在故障明确，可以进行准确判断后，调度应严格遵循行车组织方案。若在各项前提条件不满足，或故障不明显，判断偏误等情况下，应采取机动灵活的措施进行行车组织。

（6）列车救援时，按规定速度推进运行（司机须按车辆故障处理指南操作相应的开关）。

（7）列车在区间出现故障，如无人引导时，原则上不要求司机到后端司机室尝试动车，达到时限后立即组织救援。

九、地铁防恐

当代恐怖主义的袭击范围和对象在不断扩大，恐怖活动的对象由"各国的政治领导人、外交官、军警人员、跨国公司的经理等"转变为"随处可见的平民百姓"，其目的是向政府施加压力，或打击政府威信，或破坏其国际形象。2000年8月8日，一枚自制炸弹在莫斯科通向普希金广场地铁站的地下通道内爆炸，造成13人死亡，118人受伤。2001年2月5日，白俄罗斯环线地铁站发生爆炸，20多人受伤。2002年5月11日，意大利米兰一个主要地铁车站发生火警，险遭恐怖袭击。2003年11月17日，英国伦敦逮捕3名北非男子，成功制止他们在地铁列车上施放氰化物的恐怖攻击行动。2004年2月6日，莫斯科地铁一列车遭到恐怖爆炸，造成至少39人死亡，130多人受伤。2004年8月31日，莫斯科里加地铁车站附近发生恐怖爆炸，造成10人死亡，51人受伤。2005年7月7日，英国伦敦地铁发生一连串爆炸事件，浓烟窜出，造成50多人死亡，700余人受伤，并使所有地铁停驶，交通全面瘫痪。2010年3月29日早上通勤时段俄罗斯莫斯科地铁系统中发生两次爆炸，事件造成至少40人死亡及逾百人受伤，其中88人需留院治疗。这一连串的事故表明地铁正成为恐怖袭击的新目标。

（一）地铁成为恐怖袭击新目标的原因

1. 地铁人流量大，遭遇袭击后伤亡人员多、造成的影响大

地铁在城市公共交通中承担着全市相当大部分的客运量，单一列车上的乘客也比较多，比单辆公交车上的乘客多出几倍。比如莫斯科地铁，其每天客流量高达约900万人次，如果没有地铁，该市的交通运输将陷入瘫痪。地铁如此大的客流和运量，如果遇到恐怖袭击，伤亡程度和对社会造成的影响要明显高于市内其他公共交通工具。如2004年，莫斯科地铁遭遇的两次袭击，每次都造成数十人以上的伤亡，给俄罗斯政府带来巨大压力。

2. 地铁保卫力量相对薄弱，恐怖分子易于实施恐怖活动

庞大的地铁网络点多、线长、面广，即使警方加强安全保卫工作，但终究会因此显得警力有限和设备不足，所以对于恐怖袭击防不胜防。就像俄联邦安全局发言人在莫斯科地铁于2004年2月6日遭遇恐怖袭击后坦陈：即使我们明知道地铁里可能受到恐怖袭击，也无能为力，因为不可能在每一个地铁出入口都安装金属探测器之类的安全装置。

3. 地铁遭到恐怖袭击后，实施救援困难

处于地下的空间，形成封闭的环境，聚集密集的人员，通风和疏散都受到极大的限制是地铁十分突出的弱点。一旦地铁遇到恐怖袭击，由于地下空间小，地面救援工具难以发挥作用，其救援工作特别困难，如果陷入恐慌的乘客乱成一团，很可能发生更加重大的惨祸。

4. 地铁实施恐怖活动可采用的方式多

现在的恐怖袭击，方式多样，如炸弹、枪支、毒气、病毒、生化等，可以说在地铁范围内，这些方式都可能使用。

（二）地铁防范恐怖活动的措施

1. 加强国内反恐立法

将恐怖行为定为重罪，并赋予有关部门更多调查等执法权力；加强国内各反恐部门间的协调与合作，成立专门机构或建立相关部门的定期沟通与协调机制；设立预警和应急机制，加强相关人员处理危机、恐慌以及维持社会稳定的能力；加强对民众的教育宣传，提高民众对恐怖行为的警觉性和应对常识。

2. 加强地铁警卫力量和呼吁乘客合作

在地铁车站配备警察，对恐怖分子具有一定的威慑力，最大限度地防止恐怖袭击。乘客合作，更有效防止恐怖事件发生。如在纽约"9·11"恐怖袭击事件后，纽约地铁原则上全部配备警察，并且在主要车站，每天利用警犬进行巡逻。另外，该市在包括近郊的通勤列车在内，每天都通过广播不断提醒人们"发现可疑物品，立即交给警察"。

3. 通过人海战术查找可疑分子

布置警卫力量应对平常事情尚还可以，但要想对大流量形形色色乘坐地铁的人进行检查实际上是不可能的，只能通过人海战术全力以赴，力争对可疑的人和物做到防患于未然。采取这种防范措施的代表城市有巴黎。巴黎的地铁四通八达，近300个车站，事实上也不可能采取万全的反恐措施。1995年7月，巴黎地铁一列停在站内的列车发生了炸弹爆炸事件。法国的治安当局动员了两万多名警察、宪兵和军人，采取了戒严态势，但是此后约两个月的时间里，地铁还是遭到8起同样的炸弹恐怖袭击事件，这暴露出了戒严措施的局限。"9·11"恐怖袭击事件后，治安当局再次加强了地铁警戒态势，命令警察在主要车站巡逻。巴黎现在只能通过人海战术查找可疑分子，做到防患于未然。

4. 制订主要地点紧急避难计划

恐怖袭击防不胜防，但在地铁遭受恐怖袭击后，怎样将损失降到最低才是关键问题所在，因此除了进行反恐演习外，还需制订紧急避难计划。如伦敦地铁的车站和通路都非常狭窄，如果陷入恐慌的乘客乱成一团，很可能发生重大的惨祸。正因为如此，伦敦地铁在反恐演习中，现场充满紧迫感，非常逼真。另外，据说英国政府已经秘密制定了一旦获得恐怖活动的情报或发生恐怖事件，立即让市区、国会、希思罗机场周边的居民紧急避难的计划。

5. 加强地铁工作人员的自我防范意识

警备当局加强对地铁的警戒，在所有车站都配备警察，但是让警察全部防止恐怖袭击是非常困难的，因此不得不让地铁工作人员进行自我防范。现在全世界大部地铁采用这种措施。一方面，在地铁设计上、建设中充分考虑防恐的需要，如选用耐火标准高的材料，以防范类似韩国大邱事件那样利用汽油进行的纵火事件；另一方面，是安装配置先进设备：安装监控设备以加强对出入地铁人员的监视，如在地铁车站出入口、通道、站厅、站台等地点安装监控摄像机，有助于阻止恐怖活动（广州地铁有）；配置防爆桶以应对爆炸物（北京地铁有）；安装自动火灾报警系统（深圳地铁有），一旦发生火灾，便能迅速准确地引导乘客避难和灭火等。

☞ **项目小结**

应急是指针对突发、具有破坏力事件所采取的预防、响应和恢复的活动与计划；应急预案可以定义为针对可能的重大事故（件）或灾害，为保证迅速、有序、有效地开展应急与救援行动，降低事故损失而预先制订的有关计划或方案。

城市轨道交通系统应急预案可分为综合预案、专项预案和现场预案。城市地铁事故灾难应急处置组织机构分为3个层次：①国家应急机构，②省级、市级地铁事故灾难应急机构，③地铁企业事故灾难应急机构。一个完整应急预案的文件体系应包括预案、程序、指导书和记录，是一个四级文件体系。应急预案的演练分为桌面演练、功能演练和全面演练。应急演练结束后应对演练的效果给出评价，并提交演练报告。

应急救援活动可分为应急准备、初级反应、扩大反应和应急恢复4个阶段。

应急机制与这些应急活动密切相关。应急机制由统一指挥、分级响应、属地为主和公众动员4个基本机制组成。应急救援体系的建设应着重从7个方面进行：事故预防、应急救援预案准备、应急救援系统的组成、应急救援预案、应急培训与演习、应急救援行动、系统恢复与善后。

各类突发事故信息的报告原则是迅速、准确、客观的原则，逐级报告的原则。按照此原则，本项目重点介绍大面积停电的应急处理、火灾的应急处理、特殊气象的应急处理、地震、地铁爆炸、正线车辆脱轨的应急处理、大客流应急处理、隧道疏散的应急处理、列车故障救援等常见突发事故的具体措施。

地铁正成为恐怖袭击新目标的原因：①地铁人流量大，遭遇袭击后伤亡人员多、造成的影响大；②地铁保卫力量相对薄弱，恐怖分子易于实施恐怖活动；③地铁遭到恐怖袭击后，实施救援困难。地铁防范恐怖活动的措施主要：加强国内对待恐怖活动的基本通用做法，即加强国内反恐立法；加强地铁警卫力量和呼吁乘客合作；通过人海战术查找可疑分子；制订主要地点紧急避难计划，基本上让地铁工作人员自我防范等。

综合练习一

一、填空题

1. 可能导致人员伤害或财务损失事故的、潜在的不安全因素被称为_____。
2. 安全生产五要素分别为安全文化、安全法治、_____、安全科技及安全投入。
3. 影响城市轨道交通安全的因素有人、设备、环境和_____，其中_____是外部条件。
4. 紧急疏散门主要有坡道式和_____，其中坡道式又分为_____和_____。
5. 全高非封闭式屏蔽门与半高屏蔽门的主要作用是保证乘客安全，所以也被称为_____。
6. 屏蔽门的门体主要有固定门、滑动门、_____和端门四种。
7. 向列车供电的方式主要有_____、_____和_____。
8. 车站应急照明持续供电时间不小于_____分钟。
9. 安全色是传递安全信息含义的颜色，包括红、黄、_____、绿四种颜色。
10. 安全标志分为禁止标志、指令标志、提示标志及_____。
11. 常见火灾探测器有感烟探测器、可燃气体探测器、感光探测器和_____。
12. 烟烙尽的主要成分主要有_____、_____和_____。
13. 环境控制系统主要分为_____和_____两种方式。

二、选择题

1. 列车蓄电池提供的应急供电可提供_____的用电。
   A. 空调制冷　　　　　　　　　B. 应急通风
   C. 空调制冷和通风　　　　　　D. 空调采暖
2. 乘客按下列车客室内的紧急通话装置后_____。
   A. 只能乘客对驾驶员讲话　　　B. 只能驾驶员对乘客说话
   C. 乘客可与其他客室乘客通话　D. 乘客与驾驶员相互通话
3. 乘客按压站台紧急停车按钮后，会造成_____。
   A. 自动扶梯紧急停止　　　　　B. 列车紧急停车
   C. 屏蔽门紧急打开　　　　　　D. 列车门紧急打开
4. 列车蓄电池提供的应急供电在地下线路不低于_____。
   A. 45min　　　　B. 30min　　　　C. 20min　　　　D. 60min
5. 列车两端紧急疏散门锁闭装置的打开方式是_____。
   A. 由驾驶员从列车内部用钥匙打开
   B. 由驾驶员从列车外部用钥匙打开
   C. 由驾驶员或乘客从列车内部手动打开
   D. 由驾驶员或乘客从列车外部手动打开

6. 列车客室侧门的内部车门紧急解锁装置的打开方式是_____。
A. 只能使用钥匙打开
B. 需驾驶员输入密码后再用钥匙打开
C. 可以手动打开
D. 需驾驶员输入密码后手动打开

7. 屏蔽门关门时探测到障碍物后_____。
A. 立即停止关闭并重新打开至预先设定宽度
B. 立即停止关闭并重新打开至最大宽度
C. 立即停止关闭并保持在该位置不动
D. 继续关闭至夹碎障碍物后锁紧

8. 自动扶梯上设有_____。
A. 紧急通话按钮 B. 紧急停止按钮
C. 手动火灾按钮 D. 紧急开门按钮

9. 火灾自动报警系统的作用是_____。
A. 只能自动报警，不能自动灭火 B. 只能自动灭火，不能自动报警
C. 既能自动报警，又能自动灭火 D. 既不能自动报警，又不能自动灭火

10. 列车发生事故停于区间隧道，需要疏散乘客，采用_____通风办法。
A. 自然 B. 机械 C. 活塞 D. 空调

三、问答题

1. 为防止屏蔽门与列车门之间夹人、夹物，屏蔽门与站台边缘使用的安全防护装置主要有哪些？其各自特点是什么？
2. 紧急疏散门主要有哪两种结构？两种结构的紧急疏散门各自优缺点是什么？
3. 灭火的最佳时机是什么？灭火的方法有哪些？
4. 简述应急管理四阶段工作内容。
5. 危险源主要类别（举例说明）有哪些？

综合练习二

1. 电话闭塞法行车时需要向驾驶员发放_____。
2. 道岔故障时，执行_____的原则。
3. 列车进站停稳，上下客时，司机必须_____。
4. _____又称应急计划，是针对可能发生的突发事件和重大事故，为保证迅速、有序、有效地开展应急与救援行动，降低突发事件（重大事故）损失而预先制订的计划或方案。
5. 因设备故障等原因造成中断运营 1h 及以上属于_____。
6. 站厅发生火灾时，将环境控制系统设为站厅火灾模式进行排烟，形成站台_____、站厅_____的气流。
7. 特别重大突发事件属于_____预警。
8. 车站应急照明持续时间不得小于_____。
9. 影响城市轨道交通安全的 4 大要素是_____，其中_____因素是系统安全的核心。
10. 城市轨道交通系统内潜在的不安全因素被称为_____。
11. 安全生产的五要素分别为_____。
12. 精神病人进入城市轨道交通系统所带来的不安全为_____危险源。
13. 城市轨道交通系统的安全特征为_____。
14. 易燃易爆物品属于_____危险源。
15. 影响行车的施工必须由_____批准后方可进行。
16. 安全教育中所说的三不伤害是指_____。
17. 发生火灾时，用标准用语进行广播宣传和疏散引导，稳定乘客情绪，引导乘客使用车内灭火器进行灭火和紧急疏散是_____的职责。
18. 燃烧必须同时具备 3 个条件_____、_____、_____。
19. 行车三要素是指_____、_____、_____。
20. 车站的应急设备主要有_____、_____、_____、_____。
21. 《区间乘客疏散分预案》规定：运营单位下达组织封锁某段线路和疏散乘客命令，待公安、车站救援人员到达后，打开客室通道门，组织乘客有序的从_____下轨道，按行调通知的疏散方向，向车站疏散。
22. 对停留列车采取防溜措施时，_____属于防溜设施。
23. 列车紧急疏散门主要有_____、_____两种形式。
24. 南昌地铁采用的供电方式为_____。
25. 列车蓄电池供电属于_____。
26. 列车应急供电在地下线路持续时间不得低于_____。

综合练习三

27. 站台门故障时，可以使用_____、_____、_____、_____来处置。
28. 整侧站台门故障时，优先使用_____处置。
29. 发生乘客坠轨事故时，站台工作人员应第一时间_____。
30. 火灾探测器主要有_____、_____、_____、_____等种类。
31. _____泛指没有危险、不出事故的状态。
32. _____是指在生产活动过程中，由于人们受到科学知识和技术力量的限制，或者由于认识上的局限，当前还不能防止或能防止而未能有效控制而发生的违背人们意愿的事件序列。
33. 安全文化包括_____、_____、_____。
34. 人员安全素质主要指_____、_____、_____、_____、_____。
35. 年龄与事故发生之间的关系曲线被称为_____。
36. 关于人员对安全的影响应该从_____和_____两方面进行分析。
37. 关于环境因素对安全的影响可以分为_____和_____。
38. 为尽可能保证安全，对内部人员应加强_____，对外部人员应加强_____。
39. 用以阐明导致事故的各种原因因素之间及与事故、伤害之间的关系的理论称为_____。
40. 致病微生物、传染病媒介物、致害动植物属于_____危险源。
41. 城市轨道交通危险源主要包括_____、_____、_____、_____。
42. 列车上的主要安全应急设施包括_____。
43. 城市轨道交通列车的车门主要包括_____。
44. 站台门系统的优点是_____。
45. 站台门门体主要包括_____。
46. 为防止站台门和列车门之间夹人夹物，主要的安全措施有_____。
47. 地铁突发事件处置中，会用到PSL的_____功能，以保障_____原则。
48. _____是指为减少建筑物内部构筑物与外界过大的亮度差而设置的、亮度可逐次变化的照明。
49. 根据国家规定，安全色主要包括_____。
50. 安全标志中禁止标志_____颜色、警告标志用_____颜色。
51. 车站站厅和站台通风与空调系统也称_____。
52. 根据燃烧三要素可以确定常用的扑救火灾方法包括_____。
53. 运营场所发生火灾、爆炸、毒气、恐怖袭击、轨道交通构筑物坍塌事件，造成人员伤亡属于_____。
54. 行车安全工作主要包括_____。
55. 列车驾驶模式为ATO或PM时，凭_____的显示运行。

163

56. 列车出库前必须进行_____。
57. 列车停站时分取决于_____。
58. 列车载客通过又被称为_____。
59. 调度命令的发布安全应遵循_____。

参考文献

[1] 任萍. 城市轨道交通运营安全管理 [M]. 北京：机械工业出版社，2015.
[2] 刘亚苹，王笑然. 城市轨道交通安全管理 [M]. 北京：中国建材工业出版社，2017.
[3] 马成正，张明春. 城市轨道交通运营安全管理 [M]. 北京：中国电力出版社，2015.
[4] 王艳辉，祝凌曦. 城市轨道交通运营安全管理方法与技术 [M]. 北京：北京交通大学出版社，2011.
[5] 石俊刚，张祥志. 城市轨道交通安全管理 [M]. 北京：北京出版集团公司，北京出版社，2017.
[6] 耿幸福，宁斌. 城市轨道交通运营安全 [M]. 2 版. 北京：人民交通出版社，2014.
[7] 毛保华. 城市轨道交通系统运营管理 [M]. 2 版. 北京：人民交通出版社股份有限公司，2017.
[8] 毛保华，王明生，牛惠民，等. 城市客运管理 [M]. 北京：人民交通出版社，2010.
[9] 毛保华. 城市轨道交通规划与设计 [M]. 2 版. 北京：人民交通出版社. 2011.
[10] 田水承，景国勋. 安全管理学 [M]. 2 版. 北京：机械工业出版社，2016.
[11] 北京市地铁运营有限公司安全监察室. 让过去告诉未来——典型地铁事故案例汇编.
[12] 李建国. 城市轨道交通系统概论 [M]. 3 版. 北京：机械工业出版社，2019.
[13] 何宗华，汪松滋，何其光. 城市轨道交通车站机电设备运行与维修 [M]. 北京：中国建筑工业出版社，2005.
[14] 李晓江. 城市轨道交通技术规范实施指南 [M]. 北京：中国建筑工业出版社，2009.
[15] 林瑜筠. 城市轨道交通运输设备 [M]. 北京：中国铁道出版社，2012.
[16] 侯景雷. 中国城市轨道交通安全问题及对策研究 [J]. 都市快轨交通，2006，19（4）：7-9.
[17] 杨浩，铁路运输组织学 [M]. 北京：中国铁道出版社，2001.
[18] 代宝乾，汪彤，秦跃平，等. 基于事故理论的城市轨道交通风险评价模型研究 [J]. 中国安全科学学报，2007（10）：156-159.
[19] 沈庆衍，中国铁道百科全书：运输与经济 [M]. 北京：中国铁道出版社，2001.
[20] 周荣义，黎忠文. 地铁火灾的防范与疏散 [J]. 工业安全与环保，2005（11）：58-60.
[21] 徐德蜀，邱成. 安全文化通论 [M]. 北京：化学工业出版社，2004.